市政景观桥梁设计实践

——以滨海城市某大型景观桥为例

刘　军　高海亮　房宝智　主编

中国海洋大学出版社

·青岛·

图书在版编目（CIP）数据

市政景观桥梁设计实践：以滨海城市某大型景观桥为例／刘军，高海亮，房宝智主编. —青岛：中国海洋大学出版社，2023.6

ISBN 978-7-5670-3528-7

Ⅰ.①市… Ⅱ.①刘… ②高… ③房… Ⅲ.①城市桥—景观设计 Ⅳ.①U448.152.4

中国国家版本馆 CIP 数据核字（2023）第 103335 号

SHIZHENG JINGGUAN QIAOLIANG SHEJI SHIJIAN——YI BINHAI CHENGSHI MOU DAXING JINGGUANQIAO WEILI

出版发行	中国海洋大学出版社		
社　　址	青岛市香港东路 23 号	邮政编码	266071
网　　址	http：//pub.ouc.edu.cn		
出 版 人	刘文菁		
责任编辑	由元春	电　　话	15092283771
电子信箱	94260876@qq.com		
印　　制	青岛国彩印刷股份有限公司		
版　　次	2023 年 6 月第 1 版		
印　　次	2023 年 6 月第 1 次印刷		
成品尺寸	185 mm×260 mm		
印　　张	10.5		
字　　数	200 千		
印　　数	1～1 000		
定　　价	32.00 元		
订购电话	0532-82032573（传真）		

发现印装质量问题，请致电0532-58700166，由印刷厂负责调换。

编 委 会

主　　编：刘　军　高海亮　房宝智
副主编：马生平　刘鹏亮　孙　伟　于冉冉
编　　委：刘林陇　冷振宇　邴　帅　王　帆　李　斌
　　　　　李良慧　王　钦　杨俊荣　么亚楠　崔蓓蓓
　　　　　王　巍　刘方威　董瑞欣　陈　楠　任文周
　　　　　董　玮　聂希庆

前　言

　　随着国民经济的快速发展和人民物质生活水平的逐步提高，人们对美化生存环境、提高生活质量等精神文明方面的期望和要求也越来越高，桥梁建筑的造型要求也就越来越引起大家的重视。

　　现代的桥梁已不再纯粹以满足功能为目的，桥梁巨大的跨度、强烈的形体表现力、超凡的尺度均对城市或大地景观产生影响。桥梁已不仅仅是单纯的交通设施，更是一道亮丽的风景，是文化的载体。景观桥梁兼具桥梁学科的工程性以及建筑学科的人文性，其设计构思与表现必然受到观念的支配。因此，景观桥梁不仅要满足桥梁建筑又长又大、结构构件外露等要求，也要以相对复杂多变的建筑形态来满足景观美学的需求。为满足桥梁的景观需求，对桥梁结构本身做文章是一种很常见的选择，其主要包括桥梁结构形式的组合及结构形式的倾斜、扭转等变形的综合应用。

　　为了承载当地的地域文化，可以在桥梁上修建建筑，添加装饰，并采用相适宜的附属设施使之与周边环境融为一体。这些变化所带来的外观结果是：许多以往受限于技术和投资成本的表现手法，如曲面、流线造型等被大量采用。因此，景观桥梁建筑有如下特点。

　　（1）突破了传统桥梁的构成法则，以流线及曲面为主。

　　（2）可以利用简单的数学逻辑关系生成视觉效果惊人的外观。

　　（3）结构构件和建筑构件出现大量非标准化构件。

　　（4）桥梁建筑外观具有或偏重唯一性，可替代性差。

　　景观桥兼有桥梁的功能性及艺术性，是近年来城市桥梁设计的趋势。

　　本书以青岛市规划一路及规划二路跨某河大桥为例，详细介绍了景观桥梁的设计要点。

　　（一）桥梁方案比选

　　该项目共完成六套桥梁方案设计，通过多轮方案比选，最终选择桁架单塔斜拉桥及曲线系杆拱桥。每个方案用一个章节来详细阐述方案的设计思路及设计路径。景观桥兼有功能性及艺术性,近年来成为城市桥梁设计的趋势。景观桥在兼具景观美学的同时,应充分考虑桥梁方案的可实施性。

(二)桥面排水

详细阐述桥面排水在大型桥梁工程中应用,避免积水影响行车安全。

由于编者水平有限、编写时间仓促,书中难免有遗漏和错误,请读者予以指正。给您带来的不便,敬请谅解。

编者

2023 年 3 月

目 录

第一章 项目规划解读 ▷▷▷ 001

第一节 总体概况 001

第二节 滨海城市 002

第三节 青岛海洋活力区 009

第四节 规划解读结论 013

第二章 项目建设基础资料分析 ▷▷▷ 015

第一节 拟建场地现状 015

第二节 气候条件 019

第三节 水文条件 020

第四节 防风暴潮规划 021

第五节 工程地质 025

第六节 项目海域水文特征 027

第七节 皮划艇赛道要求 028

第八节 某河及两岸规划 029

第九节 区域内水系规划 031

第十节 现状桥梁调查 032

第三章 设计方案总体思路 ▷▷▷ 034

第一节 总体设计要求 034

第二节 主要技术标准 036

第三节　主要设计规范 ·· 039

第四节　总体方案构思 ·· 040

第四章　桥梁方案设计一 ··· 046

第一节　方案设计理念与布局构思 ··· 046

第二节　桥梁方案设计说明 ·· 051

第三节　重难点分析 ·· 076

第五章　桥梁方案设计二 ··· 083

第一节　桥梁总体方案 ·· 083

第二节　规划二路跨某河景观大桥方案设计 ···································· 084

第三节　规划一路跨某河景观大桥方案设计 ···································· 090

第四节　桥梁附属设计 ·· 095

第五节　桥梁景观照明设计 ·· 096

第六章　桥梁方案设计三 ··· 101

第一节　方案概念设计 ·· 101

第二节　桥梁工程 ··· 109

第七章　桥梁方案设计四 ··· 119

第一节　桥梁景观与造型设计 ··· 119

第二节　桥梁结构设计 ·· 124

第三节　滨海大道跨某河桥景观提升 ·· 129

第八章　桥梁方案设计五 ··· 130

第一节　桥梁造型分析 ·· 130

第二节　桥型方案 ··· 134

第九章　桥梁方案设计六 ··· 142

第一节　规划一路跨某河桥推荐方案 ·· 142

第二节　规划一路跨某河桥比较方案 …………………………………… 144

第三节　规划二路跨某河桥推荐方案 …………………………………… 146

第四节　规划二路跨某河桥比较方案 …………………………………… 147

第十章　桥面排水 ≫≫≫ …………………………………………………… 150

第一节　桥面排水要素分析 ……………………………………………… 150

第二节　桥面排水改进措施 ……………………………………………… 153

第一章

<<< 项目规划解读

第一节　总体概况

青岛，山东省地级市、计划单列市、副省级城市，是国务院批复确定的国家沿海重要中心城市、国际性港口城市，是山东省经济中心、滨海度假旅游城市、国家重要的现代海洋产业发展先行区、东北亚国际航运枢纽、海上体育运动基地，也是"一带一路"新亚欧大陆桥经济走廊的主要节点城市和海上合作战略支点。

青岛地处山东半岛东南部沿海，胶东半岛东部，中日韩自贸区的前沿地带；濒临黄海，隔海与朝鲜半岛相望，东北部与烟台毗邻，西部与潍坊相连，西南部与日照接壤；总面积 11 282 km²，辖7个区，代管3个县级市。

青岛昔称胶澳，是国家历史文化名城；青岛是海滨丘陵城市，岸线曲折，岬湾相间；东有崂山，西有大小珠山和铁镢山，北有大泽山，中部为胶莱平原；有大沽河、胶莱河以及沿海诸河三大水系，胶州湾、鳌山湾、灵山湾三大湾群。

图 1.1　青岛城市新貌

第二节　滨海城市

一、总体规划

按照陆海统筹、城乡统筹、多业融合的要求，坚持东部优化、西部提升、中部崛起、南北拓展，集约、高效、可持续利用陆海空间资源，构建"一核双港、多区联动、轴带贯通、组群发展"的总体格局，实施精心规划、精品建设、精细管理，打造精益城市、紧凑新区。

"一核"，即由东西两个城区和中部灵山湾影视城共同组成新区核心区。其重点推动高端要素集聚，打造新区行政办公中心、文化教育中心、科技研发中心、金融贸易中心、商务会展中心和时尚消费中心，形成功能结构完备、要素配置合理、通勤就业均衡、生态环境良好、辐射带动能力较强的新区中心城区；推进文化、教育、体育、医疗、卫生、交通、养老等公共服务设施建设，引进建设国际医院、国际学校及综合性医院和大专院校，提升城市公共服务功能；重点推进某河两岸海洋活力区建设，打造核心区的中央商务区。

"双港"，即前湾港和董家口港。其重点推进规划统筹、协同建设，加快"交通运输港"向"贸易物流港"、"世界大港"向"世界强港"战略性转变；做优前湾港，以打造国际集装箱海运干线枢纽港为目标，推动前湾港区功能提升，加快港区航道扩建，推进集装箱自动化码头和汽车滚装船码头建设，构建疏港交通复合走廊，实现货运与城市空间的分离；做强董家口港，以打造国家大宗干散货集散交易中心和能源储运中心为目标，加快推进港区基础设施、疏港铁路和疏港高速路建设，发展成为服务腹地物资运输和临港产业开发的综合性港区。

"多区"，即前湾保税港区、青岛经济技术开发区、董家口循环经济区、中德生态园、古镇口军民融合创新示范区、灵山湾影视文化产业区、西海岸国际旅游度假区、海洋高新区、现代农业示范区、西客站商务区等功能区。坚持产城融合，推进错位发展，打造以海洋经济为特色，先进制造业、现代服务业为支撑的产业体系，推动全域产业升级和新型城镇化。前湾保税港区、经济技术开发区、国际旅游度假区、海洋高新区以转型提升为重点，提高土地集约利用水平，推进城市更新、产业转型和功能升级。灵山湾影视文化产业区、董家口循环经济区、中德生态园、古镇口军民融合创新示范区、西客站商务区，坚持产城融合并进，统筹园区开发、产业布局、基础设施和公共服务配套，拓展宜居、宜业新空间。现代农业示范区以发展都市农业和建设特色小镇为主线，以转变生产生活方式为重点，推进农业人口就地、就近市民化。

"多区联动、轴带贯通"，即打造沿海旅游业发展带、生态农业发展带、以主干道网为轴线的城市发展带，形成纵横通透格局。沿海旅游业发展带以发展生态、文化、旅游观光、海滨休闲度假、主题公园为重点，提升城市品质，完善城市功能，增强引领带动能力；生态农业发展带以特色小镇为节点，加快现代农业发展，加强生态保护，形成城市发展生态涵养区和绿色食品保障基地；以主干道网为轴线的城市发展带，连通各大功能区，形成产城融合发展格局。

"组群发展"，即以灵山湾影视城、董家口港城、古镇口海军城、王台国际城为支撑，坚持优势互补、协同推进、规模适度，打造城市组群发展新格局。① 灵山湾影视城。以做强影视产业、完善城市功能、有序集聚人口为重点，连接东西城区，形成完整城市形态。② 董家口港城。按照以港兴城、港城联动的思路，加快集聚临港产业，推进港区与产业区路网等基础设施配套，打造成为集疏运功能完善、港口经济发达、综合服务体系完备的国际化蓝色新港城。③ 古镇口海军城。按照军民融合的理念，以发展军民融合产业和加强海军社会化保障服务为主体，建设具有国际影响力的军民融合特色海军城。④ 王台国际城。充分发挥王台纺机的国际知名度和国际经济合作区外向经济特质，建设智能制造产业发达、国际化特征突出的国际合作新城。

二、交通规划

1. 规划目标

以国际性港口发展为依托，形成与西海岸空间发展和功能相匹配的，"高效集约、生态安全、特色一体、开放公平"的新区综合交通体系，支撑国际性港口城市、国家综合交通枢纽的城市职能，实现"30、45、60、120"分钟的可达性目标和西海岸中心城区公交占机动化出行"60%"以上的分担率目标。

2. 规划发展战略

战略一：构建"一带一路"双向开放"桥头堡"，打造"国家综合交通枢纽新区"。

战略二：分层构建内外交通网络。

战略三：建立高效便捷的公共交通体系，优化提升慢行交通环境。

战略四：实现交通与土地利用协调发展。

战略五：完善旅游交通设施，打造旅游交通特色。

战略六：推进交通管理精细化和交通技术智能化。

3. 对外交通规划

（1）构建通达的铁路网络。西接陇海铁路，打通港口西向辐射通道：① 规划建设青岛—诸城城际铁路，对接京沪二线，实现与北京、上海的快速联系；沿青连铁路走廊预留哈沪高铁线位的建设条件。② 规划形成青岛西站、董家口站 2 个铁路客站，黄岛站、黄家营站 2 个铁路货站的铁路站布局。③ 开辟市郊铁路，实现"三湾三城"大尺度组团快速联系功能，带动站区周边用地功能提升。④ 预留跨海铁路接青岛北站的条件，进一步提升青岛西站铁路枢纽地位。预留跨海铁路通道自青连铁路沿青兰高速—胶州湾铁路隧道的建设条件，其长度约 50 km，其中隧道段约 27 km。

（2）形成对外联系发达、结构合理的公路网络。规划新增董家口疏港高速，向西连接潍日高速；将疏港高速向西延伸，连接潍日高速和长深高速；将沈海高速拓宽为双向 8 车道，加强过境交通与区域集散交通功能；逐步取消疏港高速收费，将其调整为城市快速路，增强西海岸中心区域组团间及与东岸城区的快速联系；研究探讨高速收费新模式，减少收费时间损耗及土地占用；优化提升区域骨架公路网络，包括新增西部南北大通道、调整 G204 线位、改线省道 334、西延松云路、新增藏理连接线和张宝路。

（3）完善疏港体系、解决港城矛盾。

前湾港：需优化疏港交通结构，提升水运和铁路疏港交通比例，预留胶黄铁路延伸至南港区的建设条件，并结合港口发展需要，进一步研究预留南港区铁路场站建设的用地条件，减轻道路疏港压力，满足港口远距离疏港的要求。

疏港交通通过局部改线黄张路、预留新增西向疏港路，与茂山路共同形成 3 条对外疏港通道，满足前湾港远期疏港要求；通过通河路立交、千山路南延等工程措施，解决疏港交通和城市交通混行的问题，实现 3 条外部疏港通道与外围公路的高效衔接。

完善内部疏港通道系统，分离疏港交通与城市交通。这其中包括：千山南路向南打通，塔山路南延、黄河路与前湾港路中间新增一条东西货运通道，通河路立交建设，湾底疏港主干路打通等。疏港交通组织整体限制在江山路以东，避免扩散到城市客运道路，造成客货混行。近期保留现状疏港高架落地匝道，从在建 8 车道疏港高架中分出一对双向 4 车道匝道落地接入现状茂山路。远期将疏港高架向北延伸，改造现状疏港高速立交，与疏港高架形成全互通立交，同时拆除现状疏港高架接入环胶州湾高速的局部段，形成南客北货 2 个互通立交。

董家口港：陆路疏港形成以铁路运输为主，公路运输为辅助，管道、皮带等其他方式为补充的疏港体系。对外疏港主要道路包括疏港一路—董家口疏港高速、疏港二路、铁路东路、子良山路；结合疏港通道布局，设置3.8 km²的箱站及货运综合服务设施；预留集装箱发展的空间。

（4）构建复合交通走廊。形成青连铁路—沈海高速、胶州湾高速、黄张路北侧路、疏港一路—南北大通道等4条复合交通走廊，有机分离过境交通、集疏运通道、管道等与城市交通，提高土地利用的集约性。

（5）加强与新机场衔接。远期西海岸与机场衔接是通过1条铁路、2条轨道线、5条快速通道。其中，1条铁路，即利用青连铁路开行市郊铁路；2条轨道线，即13号线过轨至12号线与机场联系；5条快速通道，即沈海高速、西部南北大通道、江山路—胶州湾高速、昆仑山路—双积路、204快速路—G204。

（6）强化与周边联系。远期向东新增6条车道及2条轨道线，向北新增24条车道及2条轨道线、2条铁路，向西新增40条车道及2条铁路，可以适应西海岸新区对外及与周边区域的便捷联系。

4. 公共交通规划

构建层次明晰的公共交通体系。形成以轨道交通、中运量公交为骨干，常规公交为主体，其他公交为补充的公共交通体系。

远期青岛市西海岸新区在已批的轨道交通1号、2号、6号、12号、13号线的网络基础上，规划新增21号、22号、23号线；规划西海岸新区轨道交通走廊长度共262.6 km，线网密度约0.59 km/km²，预留轨道29号线，串联藏马山旅游度假区及古镇口区域。

公交场站建设模式向"立体综合车厂+配建首末站"转变，提升土地利用的集约性。规划布局一、二、三级公交枢纽28处，服务西海岸各大公交服务区。规划公交综合车场105处，占地约1.33 km²。同时，应推进以公交场站、枢纽为依托的城市综合体建设。

形成路中快速、路侧千线、路侧局域三级专用道网络，总长度约550 km。依托高快速路和重要主干路，开辟13条公交快线作为轨道快线有益补充，增强与东岸、北岸重要功能区和节点的快速公交联系。

构筑"区镇""镇镇""镇村"的多级城乡公交网络，便捷服务城乡联系。

5. 客运枢纽规划

构筑以提升集约化交通方式的功能和换乘效率为主线、内外衔接紧密、配套换乘功能齐全、层次清晰的客运枢纽体系。规划形成由1个大型综合客运枢纽、4个中型综合客运枢纽、5个小型综合客运枢纽、27个城市公交枢纽构成的客运枢纽体系。

6. 道路系统规划

布局快捷通达、功能清晰的路网系统，形成西海岸中心城区、董家口港城既相对独立又联系便捷的路网格局。远期西海岸中心城区道路网总长度约 3 105.7 km，路网密度约8.4 km/km²；董家口经济区路网总长度约774.1 km，路网密度约7.7 km/km²。西海岸新区中心城区共设置26处枢纽立交，28处一般立交；董家口港城共设置8处枢纽立交，5处一般立交。通过城乡道路新建与延伸，县乡道路优化提升，强化城乡之间、镇际之间、镇村之间道路联系，振兴乡村经济。

西海岸中心城区规划形成"三横三纵"快速路网络。"三横"即青兰高速公路—胶州湾大桥，承担东西向对外快速联系功能；第二海底隧道接线—疏港高速公路，承担东西向快速联系及对外交通功能；胶州湾隧道接线、嘉陵江路、胶州湾西路、海西路快速路，承担东西向快速联系、滨海过境交通分流等功能。"三纵"即江山路—胶州湾高速公路，承担组团内部南北向快速联系功能兼顾北向对外交通功能；昆仑山路，承担组团内部南北向快速联系功能，预留向北接双积路实现快速路的建设条件；两河路，承担灵山湾影视文化区北向快速对外疏解功能。同时，预留世纪大道、大珠山路、张宝路的快捷路的建设条件。

董家口港城规划形成"三横三纵"骨架快捷道路网络。"三横"即琅琊北路、港城大道、子信路；"三纵"即子良山路、疏港一路、疏港二路。

优化提升西海岸中心城区主干路网络，包括奋进路、太行山路、珠宋路等重点道路打通，研究前湾港路西延以及灵山湾影视文化区、青岛西站周边等区域路网的构建与完善。

明确道路客货功能，划分允许货运通行的快速路和主干路，避免货运走廊穿越城市集中生活区，以实现客货分离。

提高次干路、支路密度，加强交通微循环能力，并为步行交通、自行车交通提供良好的通行环境。已建城区，在增加支路困难的情况下，可增加地下联络通道，提高支路网密度。城市次干路和支路系统应该避免引入大量通过性交通。低等级道路规划应该结合用地功能和开发强度综合确定，满足开放便捷、各具特色的街区建设要求。

按照道路等级、功能和宽度，合理划分道路横断面。

7. 停车系统规划

实施停车产业化，推进停车场的管理和建设。按照"先管后建"的指导思想，形成路外配建停车为主、公共停车为辅、路内停车为补充的停车场布局。

确定适宜的停车配建标准。基本保证居住区域的刚性停车及医院的就医停车；适度控制核心区域的办公及商业停车配建标准；结合停车需求的错时性，加强停车位的对外开放性；大型建筑设施停车，宜通过具体的交通影响评价确定。

8.交通管理系统规划

完善交通系统管理，实现交通管理精细化。开展道路及交叉口精细化交通设计与管理，改善交通环境和秩序；加大智能交通、公交信号优先等设施的投入力度。

强化交通需求管理、促进交通方式转变。推进组团式、多中心、职住平衡、产城融合的用地布局模式。按照通勤时间控制在60分钟以内的目标要求，西海岸宜形成7~8片职住平衡区域。优化提升轨道交通沿线用地布局，使轨道交通沿线人口岗位达到60%以上，基本实现沿轨道交通的职住平衡。从交通拥堵治理的角度，建议启动研究小汽车使用的调控措施，有序推广共享汽车和新能源车辆的使用范围。谋划胶州湾通道建设时序和收费机制，调节青黄交通时空分布，优化出行方式。

加快推进"五化一体"的智能交通。即道路、公交、旅游、停车、港口物流的一体化智能交通。

9.慢行和旅游交通设施规划

完善慢行和旅游交通设施，提升城市交通特色，注重城市交通应急救援。

（1）优化慢行环境，塑造鲜明特色。以"慢行链+慢行区"为主体，打造特色、休闲、方便的"慢行+公交"的绿色交通出行链。

结合不同地形及交通条件，分级设置一、二、三类自行车发展区和一、二、三级自行车道；加强自行车配套设施建设，有序使用共享自行车系统。

完善步行交通设施，围绕中德生态园、唐岛湾商圈、灵山湾影视文化区等重点区域，打造一类、二类步行环境示范区。

完善滨海大道、江山路等交通性干道设置立体过街设施，结合轨道站点、公共建筑的地下空间，构建便捷的地下步行系统，形成连续、高品质步行通道，解决重要道路行人过街安全问题。

（2）布局旅游交通设施，增强山海互动。围绕海上、滨海及乡村三个旅游发展带，构建多式立体的旅游交通体系。

滨海形成观光巴士、慢行交通以及其他适宜滨海观光旅游的多种交通方式有机融合的旅游交通走廊。

加强陆岛联系，开拓海上和空中特色旅游，构建海陆衔接枢纽。

三、滨海城市核心区

1. 规划范围

本规划的范围。北至灵山湾路，南至滨海大道，西至大珠山路、琅琊台南路，东至两河、黄海海岸，规划总面积约30.16 km²。

2. 规划目标与定位

（1）规划目标。其发展目标为"绿色生态、服务完善的宜居之城；科技引领、产业驱动的创新之城；功能完备、魅力四射的活力之城"。

（2）规划定位。该片区的功能定位为"集商务商贸、产业金融、文化服务、生态旅游、品质生活为一体的西海岸都市功能核心区"，为提升西海岸综合竞争力提供强劲支持。

3. 发展规模

规划总用地面积为30.16 km²，其中城市建设用地为27.15 km²。

4. 规划结构

规划结合片区景观资源和现状建设情况，形成"双核引领、一带六廊、两环七片"的整体空间布局。

双核。即打造某河入海口的总部经济聚集核，重点发展总部商业办公、总部研发创新、商业配套服务等功能；依托灵山湾森林公园打造生态核心，引领生态旅游休闲产业发展。

一带。即滨海蓝色旅游发展带，主要依托优势景观资源和现有发展基础，重点发展滨海度假旅游、文化展示、水上体育运动等功能。

六廊。即依托现有河道蓝线及绿线，作为整个区域的生态间隔，强化对水体资源的保护与利用。

两环。分别为核心聚集环和城市活力环。结合总部经济聚集核设置核心聚集环，主要聚集商业商务服务、公共文化服务等市级、区级的服务中心；外围城市活力环串联片区服务中心，打造人文活动、生态景观的慢行交通环。

七片。分别为宜居生活片、现代生活片、金融商务片、健康生活片、创新配套片、生态生活片、会展文化片。

5. 道路系统

规划区道路分为城市（准）快速路、主干路、次干路、支路四个等级。

（1）城市（准）快速路。其为市区对外快速通道，主要承担过境交通功能。片区内包括城市（准）快速路3条，即现状大珠山中路、世纪大道以及规划某河快速路。

（2）城市主干路。其是片区内路网的框架，主要承担对外长距离交通联系功能，道路红线宽度宜控制在 30～50 m。

五横。灵山湾路、双珠路、世纪大道、月牙河路、盛海路。

六纵。琅琊台路、大珠山中路—三沙路、规划二路、朝阳山路、水城路、两河路。

两环。规划一路、海王路（景观性主干道）。

（3）城市次干路。其是片区内路网骨架，对主干路起补充、分流的作用，主要承担相邻片区交通联系功能，道路红线宽度宜控制在 24～30 m。

（4）城市支路。其主要承担片区内部道路联系及衔接干路交通的功能，为慢速交通提供适宜的空间环境，道路红线宽度宜为 16～24 m。

第三节 青岛海洋活力区

1. 用地布局

某河南部的中心商务区，规划范围面积 1.74 km^2；北部健康生活区，规划范围面积 1.93 km^2；北部湿地公园 0.81 km^2；三区合一，统筹打造西海岸海洋经济活力核心区。

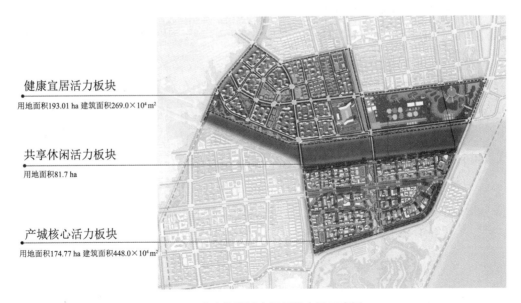

健康宜居活力板块
用地面积193.01 ha 建筑面积269.0×10^4 m^2

共享休闲活力板块
用地面积81.7 ha

产城核心活力板块
用地面积174.77 ha 建筑面积448.0×10^4 m^2

图 1.2 青岛海洋活力区用地布局示意图

2. 总体定位

青岛西海岸新一代海洋经济创新活力示范区，为"新区之心、活力之源、蔚蓝之城"。

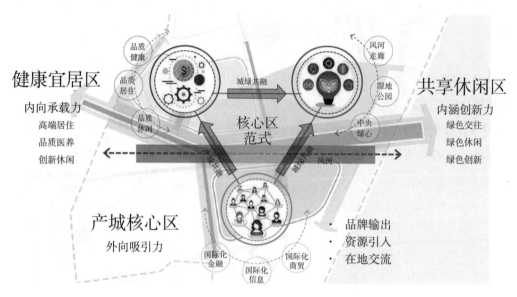

图1.3 青岛海洋活力区打造思路示意图

3. 核心职能

（1）搭建全球化经济服务枢纽。

（2）承接国际化创新服务人才。

（3）建设精品化海城共融环境。

4. 路网及交通规划

（1）对外衔接道路系统规划。构筑以大珠山快速路、某河快速路、滨海大道、世纪大道为主要通道的对外衔接道路系统，满足海洋活力区快速对外集散的需求；大珠山路、滨海大道建设高架或地下立体快速通道，形成海洋活力区过境交通保护壳，实现过境交通的有效剥离。

图1.4 青岛海洋活力区对外衔接道路系统规划图

（2）内部路网规划。大珠山路、规划一路、滨海大道等道路组成"三横、四纵"主干路骨架，并规划形成级配合理、密度适宜，并与周边区域路网形成良好衔接的次支路网。

路网总体规模：19.83 km；路网总体密度：11.66 km/km^2；道路面积率：29.2%。

路网总体规模：13.27 km；路网总体密度：7.8 km/km^2；道路面积率：20.7%。

图1.5 青岛海洋活力区内部路网规划图

（3）常规公交枢纽规划。规划南北两区各设置1处公交枢纽。南区利用中央绿地地下空间建设 12 000 m^2 公交枢纽；北区结合商业地块综合开发，建设 8 000 m^2 公交枢纽。

利用滨河北路商业地块综合开发1处公交场站设施，建筑面积约 8 000 m^2。

利用中央绿地地下空间设置1处公交枢纽，面积不小于 1.2×10^4 m^2，并与轨道站设置地下连通通道，实现边界转换。

图1.6 青岛海洋活力区常规公交枢纽规划图

图1.7 青岛海洋活力区方案布局示意图

第四节 规划解读结论

1.功能性

"三横"中的双珠路、规划主干路、世纪大道均已按规划建成到位,纵向的大珠山路及滨海大道均已建成到位,整个区域外围路网已基本建设完毕,片区路网的对外通达能力已基本具备。但随着海洋活力三合一片区的建设,内部路网所带来的矛盾日益显现:南区和北区间跨某河通道仅滨海大道和大珠山两道外围干路,片区内部南北通达性不高;产业活力片区内部仅一条东西向世纪大道,导致该片区可达性较差,无法提升地块价值;人才活力片区目前通往北部片区仅可由滨海大道到达区域外围后绕行,通行效率较低;某河快速路实施至大珠山东侧后形成断头路,导致东西向交通无法快速疏散,形成交通瓶颈。

规划一路、规划二路以及现状滨海大道是青岛市海洋活力区内最重要的三条南北向主干路,跨越某河两岸,连通公园活力区、人才区以及产业活力区三大片区。该工程与双珠路、滨河南路、世纪大道等东西向通道支撑起整个海洋活力区的交通网络,为片区提供对外交通集散通道;同时,良好衔接区域次支路网,服务某河两岸地块通勤交通,加强海洋活力区南北两岸的沟通与联系,促进片区的开发建设。

2.景观性

(1)规划一路跨某河桥位于某河与相公山河、月牙河的三河交叉地带,连接南北两岸,是人才活力区与产业活力区的纽带。从东望去视野较为开阔,南岸在规划上将要建立多处超高层建筑群,而北侧多以中层建筑为主,打造人才活力中心。在交通方面,连接某河快速路,是车流聚集之地,在桥梁设计上针对桥梁整体的高度和体量有所展现,可以采用高耸的桥塔或构筑物体现三河交合处的标志性景观,桥梁景观造型在形式上可以考虑以连接南北两岸的建筑高低差为主,与南岸高层建筑群体融为一体,又能同时兼顾北岸中层建筑,能彰显景观节点特征但又与整体相协调。

(2)规划二路跨某河桥连接胶南老城区与海洋活力区核心区,毗邻活力区滨河公园和中央景观带,是核心区景观工程的重要组成部分,地处整个某河中央地带。其东面是现状某景观大桥,桥梁在高度上较为平缓,而南侧则致力于打造396 m的超高层复合性地标——蓝色海洋金融中心。在整体规划上,规划二路桥梁不应出现高耸的桥塔或构筑物破坏邻近和谐的建筑景观,在整个空间层次上不应喧宾夺主,致力于突出复合地标的焦点聚集。因此，其在体量和造型上要兼顾南岸的高耸，东侧的平缓，不破坏邻近和谐的建筑景观，要融合现有的桥梁及周边景观建筑，在体量上注重轻盈、简洁、流畅，体现出区域的特色与个性化要求。

（3）现状滨海大道跨某河桥梁位于滨海大道上，毗邻灵山湾，是海洋活力区的门户景观。其结构形式为空心板桥梁，在空间层次上其高度较周边高层建筑较低，起到起承转合、承上启下的作用，是连接公园活力区与产业活力区的纽带。

第二章

≪≪≪ 项目建设基础资料分析

第一节　拟建场地现状

一、项目总体场地现状

该项目范围内主要包括三条道路跨某河景观大桥及桥梁两侧接线工程。其中，滨海大道为改造道路，本次仅对其跨某河景观大桥外结构装饰进行改造提升，维持现状道路通行；新建规划一路及规划二路跨某河景观大桥工程范围内无现状市政道路，本次改造实施范围包含跨河桥梁两侧连通至现状堤坝路范围内的接线工程。

根据调查，工程实施范围内地势较为平坦，多为空地及现状驳岸，场地较为平坦，整体建设条件较好，不涉及建筑和场地拆迁情况。

图2.1　现状建设场地情况

二、现状路网情况分析

海洋活力区规划范围内主干路路网规划分为快速路、主干路、次干路，形成"三横四纵"的路网结构，并规划形成级配合理、密度适宜、与周边区域路网形成良好衔接的次支路网。其中，东西向主干路有双珠路、规划主干路、滨河南路、世纪大道，南北向主干路有大珠山路、规划一路、规划二路、滨海大道。

根据调查分析，"三横"中的双珠路、规划主干路、世纪大道均已按规划建成到位，纵向的大珠山路及滨海大道均已建成到位，整个区域外围路网已基本建设完毕，片区路网的对外通达能力已基本具备。但随着海洋活力三合一片区的建设，内部路网的缺失所带来的矛盾日益显现：南区和北区间跨某河通道仅滨海大道和大珠山路两道外围干路，片区内部南北通达性不高；产业活力片区内部仅一条东西向世纪大道，导致该片区可达性较差，无法提升地块价值；人才活力片区目前通往北部片区仅可由滨海大道到达区域外围；某河快速路实施至大珠山路东侧后形成断头路，导致东西向交通无法快速疏散。

该片区内规划一路、规划二路（规划主干路以南）、滨河南路（大珠山路以东）仍未建成，路网内部南北向通行能力较差。

三、现状道路分析

本次实施范围内无现状市政道路，涉及的现状道路为三座跨某河景观大桥两侧堤坝道路。周边仅规划一路西侧有现状某河南路，远期将与本工程衔接。

1. 规划一路现状道路

1）现状堤坝路

图2.2　规划一路两侧堤坝路

规划一路北侧堤坝路现状为沥青混凝土路面，宽约7 m，现状路面状况较好。

规划一路南侧桥头位于三江交汇处，现状堤坝处有一座简支梁桥跨越交汇口，本次设计对该座桥梁予以保留。

2）现状某河南路

规划一路西侧滨河南路已实施至大珠山路交叉口东侧。其中，大珠山路以东为滨河南路，道路等级为城市主干路，规划道路红线36 m，双向6车道。其路面为沥青混凝土路面，根据调查，该段滨河南路于2019年已建成通车。

图2.3　现状某河南路

3）现状某河快速路

大珠山路以西为某河快速路，道路等级为城市快速路，道路实施红线56 m，采用主辅分离的断面形式，主线为双向6车道的地下道路，辅道车道规模为双向4车道。目前，地道主体结构和地面辅道已建成通车。

图2.4　现状某河快速路

2. 规划二路现状道路

图2.5　现状规划二路堤坝路

规划二路北侧堤坝路现状为沥青混凝土路面，宽约 7 m，现状路面状况较好。规划二路红线西侧堤坝路上有一处现状闸桥，桥侧有一处现状管理用房，经调查该处为豆金河与某河交汇闸，故本次设计预留该处堤坝路人非下穿通道，净空控制在 2.5 m以上，同时针对该段机动车通行难提出绕行方案。

规划二路南侧桥头堤坝路现状为沥青混凝土路面，宽约 7 m，现状路面状况较好。

3. 滨海大道跨某河景观大桥两侧堤坝路

图2.6　现状滨海大道跨某河景观大桥

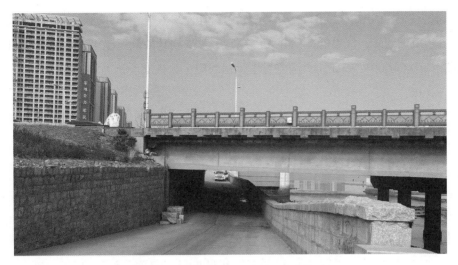

图2.7 现状滨海大道两侧下穿堤坝路

滨海大道现状为双向 6 车道，沥青混凝土路面，整体路况较好，故本着绿色环保、提高工程经济性的原则，本次改造仅涉及滨海大道桥梁装饰提升，不对原沥青路面做任何破坏。

滨海大道跨某河两侧已有现状堤坝路下穿桥梁，本次设计亦维持原通行现状。

第二节　气候条件

青岛地处北温带季风区域，属温带季风气候。市区由于海洋环境的直接调节，受来自洋面上的东南季风及海流、水团的影响，具有显著的海洋性气候特点，空气湿润，雨量充沛，温度适中，四季分明。春季气温回升缓慢，较内陆迟1个月；夏季湿热多雨，但无酷暑；秋季天高气爽，降水少，蒸发强；冬季风大温低，持续时间较长。根据1898年以来的资料，青岛年平均气温12.7 ℃。其最高气温高于30 ℃的天数，年平均为11.4天；最低气温低于−5 ℃的天数，年平均为22天。其年平均无霜期251天，比相邻地区长一个月。

青岛市降水量年平均为662.1 mm，年平均降雪日数只有10天。其年平均气压为1 008.6 hPa。其年平均风速为5.2 m/s，以东南风为主导风向。其年平均相对湿度为73%，7月份最高，为89%；12月份最低，为68%。

青岛春季持续时间较长，气温回升缓慢；夏季较内陆推迟1个月到来，湿润多雨，但无酷暑，7月平均温度23℃；秋季天高气爽，降水少，持续时间长；冬季较内陆地区推迟15~20天到来，气温低，但并无严寒，一月平均日最低气温-3℃。青岛属正规半日潮港，潮差为1.9~3.5 m，大潮差发生于朔或望（上弦或下弦）日后2~3天。

第三节　水文条件

1. 降雨特性

黄岛区属暖温带半湿润季风气候，有明显的海洋气候特点。全年无酷暑严寒，主要风向为东南季风，年平均气温12.2 ℃，年平均日照数为2 543.1小时，年平均相对湿度为75%，年平均蒸发量为1 472.6 mm。

据水文观测资料，黄岛区多年平均年降水量为775.6 mm，属于过渡带；其西南的白马河、吉利河流域多年平均年降水量在800 mm以上，属湿润带。黄岛区的降水特征是：降雨年内分配平均，年降水量的70%集中在汛期的6~9月份；降水量年际变化大，年降水量最多为1 272.7 mm（1911年），最少仅308.2 mm（1981年），降水的年变率为62%。

2. 降水

1）春季

3月初至6月20日，计112天，占全年的30.7%。因海洋和入海的高压影响，回暖晚，降水少，风速大，累年季均温12.5 ℃。历年季均降水量155.4 mm，占年均降水量的20%，前半季仅有59.7 mm，可谓"十年九春旱"；后半季受入海高压影响，南向风频率较多，风速大，湿度小，气候干燥，有"春风裂石柱"之说。

2）夏季

6月21日至9月5日，计77天，占全年的21.5%。因受副热带高压控制，表现为海洋性气候，气温较高但无酷暑炎热，累年季均温为24.5 ℃。8月份气温最高，日最高气温大于30 ℃的日数为20.1天，占全夏季的33.1%。7、8月份因冷暖空气相交，引起大量降水，历年季均降水444.8 mm，占全年的57%。6月末7月初进入汛期，9月上旬结束。

3）秋季

9月6日至12月5日，计91天，占全年的24.9%。气温逐低，降水日少，冷空气开始活跃，但暖湿空气还有一定影响，多雨之秋也间有发生，还可能受台风侵袭。9

月下旬或10月上旬北来的冷空气逐渐加强，暖湿空气明显减弱。10月上、中旬起，天气渐爽，能见度佳，有"小艳阳"之称。累年季均温12.9 ℃，降水量149.3 mm，占全年降水量的22%。11月中旬起，冷空气日趋活跃，每旬气温以3 ℃之差迅速下降，北风渐多，冬季季风逐步明显增强。

4）冬季

12月6日至2月底，计85天，占全年的23.3%。多西北季风，气候干燥寒冷，1月份最冷。累年季均温为-0.8 ℃，低于-5 ℃的平均日数52.2天，占全季的61.4%；低于-10 ℃的平均日数为12.9天，占全季的15.2%；低于-15 ℃的平均日数为0.6天，占全季的0.7%。冬季昼夜温差小，历年季均降水量26.8 mm，最大积雪深度19 cm。

第四节 防风暴潮规划

1.防潮标准

表2.1 防潮标准

岸线性质		防潮标准
重要岸段		≥100年
一般岸段		50~100年
临海主要交通岸段		100年
临海商业生活区		50~100年
港口码头区	大型港口码头区	100~200年
	中型港口码头区	100年
	小型港口码头区	50年
工业企业区	大型企业	≥100年
	中型企业	100年
	小型企业	50年

2. 工程级别

表2.2 工程级别

防潮（洪）标准［重现期（年）］	≥100	100～50	50～30	30～20	＜20
工程级别	1	2	3	4	5

3. 规划布置

1）海西湾、前湾区段

（1）洋河至大石头段逐步清理现有水面养殖，结合张戈庄、郭家台子等周边村庄的改造和滨海岸线整理，逐步搬迁现有工业项目，重点发展生活居住、滨海旅游等功能。其中，洋河入海口右岸至欧洲路段，目前已建设防潮堤，基本能够满足规划要求；自欧洲路至大石头段一般岸段防潮标准为50年一遇，部分岸段为保护省道S328，防潮标准提高至百年一遇；沿岸企业为中、小型企业，防潮标准为50年到百年一遇。

（2）大石头至凤凰岛脚子石段现状为青岛前湾港、中海油重质油、造船厂、青岛炼化、中集集装箱等工业。根据规划，海西湾段将结合国际物流园区和航运枢纽港，打造港口休闲配套区；南段将以集运箱运输为主，引入游轮、游艇码头等，丰富滨水活动；船厂区段将利用旧船厂搬迁改造的契机，打造城市公共活动和公共服务空间滨水岸线。该段岸线大部分已建设防风暴潮工程，且标准较高，能够满足企业防风暴潮要求，建议目前维持现状。随着现有石化企业的搬迁和旧船厂搬迁改造的实施，根据改造后的功能定位，结合相关规划布置，进行防风暴潮规划。安子村东规划建设防风暴潮工程，主要保护对象为中船重工第七一二研究所青岛研究所实验室，防潮标准为百年一遇。

（3）洋河入海口黄岛国家石油储备基地段规划建设河口防潮堤，防潮标准为百年一遇；九曲河入海口至省道S328段两岸规划建设河口防潮堤，防潮标准为50年一遇；张戈庄后河入海口至省道S328段两岸规划建设河口防潮堤，防潮标准为百年一遇；镰河入海口至前湾港路段两岸规划维修河口防潮堤，防潮标准为百年一遇。

2）灵山湾群区段

（1）自脚子石至顾家岛村段，凤凰岛的北部、南部主要为岩礁岸线，凤凰岛中部主要为砂质岸线，有金沙滩、银沙滩等，依据西海岸国家级海洋公园规划，严格保护岩礁和沙滩岸线，逐步清理养殖池塘，恢复岸线自然景观。

（2）唐岛湾、积米崖渔港、大湾两岸、城市阳台、柏果树河至万达人工岛、海军公园段岸线现状已建设防风暴潮工程，建设标准较高，基本能够满足规划要求。

（3）正在建设的万达人工岛，已规划建设高标准防潮堤，护砌型式为"工"字形混凝土块，且接近完工，防护效果良好，本次规划不再计列。

（4）世贸滨海公园、灵山湾海滨公园、自某河入海口至青草河入海口段为砂质岸线，依据西海岸国家级海洋公园规划，维持岸线自然景观。

（5）大湾临近滨海大道段，规划建设防风暴潮工程，与现有工程衔接，形成封闭保护圈，防潮标准为百年一遇。

（6）朝阳山咀西海域结合养殖池塘清理和青岛西海岸海洋生态乐园项目建设，重新进行岸线整理，建设高标准防潮堤，防潮标准为百年一遇。

（7）海军公园北部至青草河入海口段，现状为鱼塘，结合养殖池塘清理建设防风暴潮工程，与海军公园段防潮堤衔接。

（8）海军公园至龙门顶码头段，结合养殖池塘清理和青岛远洋船员职业学院新校区航海训练基地、公务船码头建设，重新进行岸线整理，建设防风暴潮工程，防潮标准为百年一遇。

（9）唐岛附近陆域岸线为特殊用地，本次规划不再考虑。

（10）窝洛子河入海口至滨海大道段右岸、柏果树河入海口至上游拦河坝段两岸、青草河入海口至滨海大道段两岸规划建设河口防潮堤，防潮标准均为百年一遇。

3）古镇口区段

（1）龙门顶码头现状防护标准较低，依据《青岛市海域和海岸带保护利用规划》，规划提升龙门顶码头，防潮标准达到百年一遇。

（2）龙门顶码头至军事管理区段，A岩岸线和砂质岸线穿插存在，现状多为粗放式的筑池养殖，占用了宝贵的岸带空间资源。规划逐步清理现有水面养殖，恢复岸线自然状态，为后续滨海旅游业发展留有空间。

（3）军事管理区段附近陆域岸线为特殊用地，本次规划不再考虑。

（4）古镇口湾东岸主要为基岩岸线，西岸为砂质岸线，海滩宽度200 m左右，滩面物质以中、粗砂为主。依据《古镇口创新示范区总体规划（2013—2030年）》，本段主要为生态观光岸线，力主打造滨海生态公园，规划逐步清理现有水面养殖，恢复岸线自然状态。

（5）古镇口湾边界至车轮山南麓，以基岩岸线为主，兼有部分砂质岸线，基于安全防卫要求，规划逐步清理现有水面养殖，恢复岸线自状态。

（6）高峪河入海口至支流汇入段规划建设河口防潮堤，防潮标准为百年一遇；甜水河入海口至省道S293上游段加固防潮堤，与现堤防衔接，防潮标准为50年一遇。

4）琅琊区段

（1）车轮山南麓至王家台后村段主要为砂质岸线，功能定位为龙湾旅游度假区，打造城市生活和休闲旅游岸带，塑造青岛滨海城市特色。依据西海岸国家级海洋公园规划，严格保护沙滩岸线，逐步清理近岸水面养殖设施和养殖池塘，恢复岸线自然景观。

（2）王家台后村至胡家山村段主要为基岩岸线，功能定位为塑造城市形象，加强自然资源保护。拟对琅琊港码头进行维修加固，结合陆岛交通码头建设，提高防潮标准，达到百年一遇。其余岸段逐步清理养殖池塘，恢复岸线自然景观。

5）董家口区段

（1）胡家山村至蒲湾村段，现状保护区内主要为村庄、码头、养殖区和农田。本段保护区域作为港口功能拓展的预留区，近期规划建设中国北方国际水产品交易中心和冷链物流基地，远期逐步清除近岸养殖，打造海水综合利用示范区。规划改造提升杨家洼湾防风暴潮工程，防潮标准达到百年一遇。

（2）蒲湾村至青岛与日照的行政区界段主要建设董家口港城，重点打造国家重要枢纽港、全国最大的散货作业区，发展钢铁、海洋工程、装备制造业等临港产业集群，形成临港产业和蓝色经济的集聚区。根据规划重新进行岸线整理，建设防风暴潮工程，防潮标准不低于百年一遇。

（3）白马河自入海口至204国道两岸规划建设河口防潮堤，防潮标准为百年一遇。

6）灵山岛

（1）李家村渔港、南辛庄渔港破损严重，高度不满足防风暴潮要求，规划改造重建，防潮标准为50年一遇。

（2）沟南崖村段规划建设防潮堤，防潮标准为50年一遇。

（3）陈家村至唐泉村段现状防潮堤破损严重，高度不满足防风暴潮要求，规划改造重建，防潮标准为50年一遇。

（4）根据《青岛市海岛保护规划（2014—2020年）》，预留岸线分布在灵山岛的东北部及牙岛子岛、小牙岛、洋礁北岛、礁黄礁全岛；生态岸线分布在灵山岛的东、南部和洋礁岛整岛岸线；旅游岸线分布在灵山岛西部和试刀石整岛，上述岸线为岩质岸线，不再规划防风暴潮工程建设，维持自然风貌。

4. 堤顶高程

沿海防潮堤堤顶高程按设计高潮水位、波浪爬高、安全加高确定。

河口防潮堤堤顶高程按多年平均最高高潮位遭遇河道行洪情况的水位与工程单元防潮堤标准的潮水位的大值、波浪爬高、安全加高确定。

5. 断面型式

根据现状防风暴潮工程建设情况及规划工程地形、地质、施工运营等条件，在保护生态的基础上拟定了四种断面型式：斜坡式、直立式重力挡墙、复合式、混凝土异形块。

第五节　工程地质

1. 地形地貌

黄岛区属鲁东丘陵区，境内山岭起伏，沟壑纵横。西部是小珠山山脉，主峰海拔724.9 m。北部有老君山，海拔236 m；龙雀山海拔309 m；抓马山海拔237 m。东面濒海，海岸线蜿蜒曲折，长达102.6 km，岛屿众多，港汊遍布。东南面的薛家岛把胶州湾与黄海分开。中部为海积平原，整个地形呈西高东低之势。黄岛区境内的山脉主要是西部的小珠山山脉，该山脉向东、向北延伸。大小山头遍布全区，仅有名称、海拔在百米以上者即有42座，依陆傍海，构成山海奇观。黄岛区的海滩主要有砾石海滩和沙质海滩两种，砾石海滩多分布在黄岛和竹岔岛周围，沙质海滩主要分布在徐戈庄东北、黄岛前湾和薛家岛南海岸，其特点是沙质纯细，滩面宽阔乎直，坡度较缓，基本没有沙脊，可以见到波痕。如金沙滩，东西跨度3 km，呈月牙形向南展开，已成为天然海水浴场。

2. 区域地质构造及地震

1）构造

青岛市位于胶东半岛南端，东南濒临黄海，其地形东高西低，中间凹陷。地貌形态从山区侵蚀构造地貌到山前、山间、滨海堆积地貌均有发育。在大地构造单元上，勘察场区位于长期稳定的胶辽隆起上，新生代以来的地壳活动特点是稳定——上升——稳定。

青岛市地区断裂构造发育较好，具一定规模的共有5条，多为北东向，少数为北西向，其中以北东向断裂发育最好，其规模大，并有多期活动特征，控制了区域构造格局乃至近代地貌特征。

勘察期间，拟建场地及其附近未发现大的断裂带活动，基底地质构造较简单，场地基岩风化带地质构造以构造裂隙和风化节理为主。故拟建场地较稳定，可进行工程建筑。

2）地震

青岛市属于华北地震区，处于郯庐强震带、燕山渤海强震带和南黄海强震带的环绕之中。据史料记载，公元前70年以来，青岛及其邻近地区，有史籍和现代仪器记录的地震近90次。

据调查，2003年6月5日王哥庄发生了4.2级震群，2004年11月1口王哥庄发生3.6级震群。

3. 地层结构

勘察区区域在地质构造上处于秦岭纬向复杂构造带的东延地带，构造单元属于秦岭褶皱系之潢川山前拗陷的平昌关—罗山凹陷地带。其小区域上位于大别弧形构造带内的大别山山前中新生代内陆盆地内，基底构造较为简单。新构造运动主要表现为受纬向老断裂活化影响，地壳呈现差异性升降运动，其早期具明显继承性，晚期则表现为振荡沉降，盆地内差异沉降接受堆积，淮河上游及南侧各大支流发育不对称河谷。区内出露主要为填土（Q_4^{ml}）、粉质黏土（Q_4^{al}）、粗砾砂（Q_4^{al}）及强风化泥质粉砂岩（K2）等，其主要特征有以下内容。

（1）粉细砂。杂色—黄褐色，较松散，主要以细砂土为主；平均厚度约1.00 m。

（2）砂混淤泥。红褐色，稍湿，岩芯呈土状，主要矿物成分为高岭石、水云母、蒙脱石。岩石风化成黏土状，结构构造模糊不清；平均厚度约1.50 m。

（3）中粗砂。黄褐色，稍湿—饱和，松散—稍密；砂粒成分以长石、石英为主，颗粒分选性较差，磨圆一般，含少量黏性土；平均厚度约9.00 m。

（4）粉质黏土。黄褐色—红褐色，可塑—硬塑，切面较光滑、有光泽，韧性中等，干强度较好，无摇振反应；见铁锰质氧化条带，混少量细砂粒，局部含姜石；平均厚度约3.00 m。

（5）全风化花岗岩。红褐色—灰褐色，稍湿，稍密，主要矿物成分为高岭石、水云母、蒙脱石；岩芯呈土状，风化强烈。

（6）强风化花岗岩。红褐色—灰褐色，稍湿，密实，主要矿物成分为高岭石、水云母、蒙脱石；岩芯呈土状，风化强烈，顶部岩石风化成黏土状，由浅到深风化程度逐渐减弱，结构构造可见，给水易钻进。

（7）中风化花岗岩。红褐色—灰褐色，稍湿，泥质结构，层状构造，主要矿物成分为高岭石、水云母、蒙脱石；岩芯呈短柱状—长柱状，风化裂隙不发育，岩石坚硬钻进较困难；该层未穿透，平均揭露厚度约10.00 m。

根据区域地质资料显示，其下无软弱地层分布。

4. 地震场地分析

根据国家质量监督局最近发布的国家标准《中国地震动参数区划图》（GB 18306—2015），青岛市黄岛区抗震设防烈度为7度，设计基本地震加速度值为0.10 g，设计地震分组为第二组。拟建场地类别为Ⅱ类，特征周期为0.45 s。

根据调查资料，场地地基土20.00 m以内无液化土层，不具液化可能性。

5. 工程地质评价

1）场地与地基的稳定性及建筑适宜性评价

场地未发现埋藏的河道、沟浜、墓穴、防空洞、孤石等对工程不利的埋藏物，场地无采空区，亦不存在滑坡、泥石流等其他不良地质作用，建筑场地较平坦开阔，场地基本稳定。拟建场地地貌单元为海岸平原，地形总体较为平整，地貌类型单一，地层结构比较简单，各主要岩土层层位较稳定，地基稳定性较好。

2）水、土腐蚀性评价

根据水质分析报告判定，场地地下水在干湿交替条件下对混凝土结构具强腐蚀性；无干湿交替条件下对混凝土结构具强腐蚀性；有干湿交替条件下对钢筋混凝土结构中的钢筋具有强腐蚀性，长期浸水条件下对钢筋混凝土结构中的钢筋具有强腐蚀性。

根据本次调查的易溶盐含量分析结果判定：① 层土在有干湿交替情况下对混凝土结构具强腐蚀性，在无干湿交替情况下对混凝土结构具强腐蚀性。② 层土对混凝土结构中的钢筋具强腐蚀性。在进行基础设计时，建议应按照相关现行规范采取有效的防护措施。

第六节　项目海域水文特征

1. 潮汐性质

青岛是半日潮区域，每天两次高潮、两次低潮，每两次高潮之间相隔大约12小时15分钟。也就是说，涨跌潮的周期是12小时又15分钟。高潮时间（又称作满潮时间，即潮水最高位的时刻）一般能维持一个小时左右，才开始退潮，最低潮时间在两次高潮的中间。涨潮时间每天不同，大约15天轮回一次。

2. 潮差

正规半日潮型，平均高潮位 3.85 m，平均低潮位 1.08 m，最高高潮位 5.36 m，最低低潮位 0.70 m。

3. 潮流

半日潮流，总的特点是涨潮流速大于落潮流速，涨潮历时小于落潮历时，潮流基本属于往复流，最大流速方向同海岸平行。前湾最大涨潮流速为 0.51 m/s，最大落潮流速为 0.33 m/s。

4.余流

青岛近海余流流速一般小于 0.2 m/s，近岸水域潮致余流的比值相对较大，且比较稳定，从外海流向半岛方向的潮余流大体上以千里岩与朝连岛之间的海面为界，以西者贴岸向西流向海州湾顶方向，以东者贴岸向东流向成山角方向。山东半岛北岸的潮余流除在渤海海峡处流入渤海外，其他均流向东，并在成山角近海形成强潮余流区和逆时针向涡旋，最大流速可达 0.4 m/s。

第七节　皮划艇赛道要求

青岛市皮划赛艇训练基地位于黄岛区某河下游入海口处，建成后可作为省运会赛艇比赛场地以及作为青岛市赛艇、皮划艇训练基地。这一区域将被打造成具有活力与特色的城市水上运动公园。该基地建设内容包括水域和陆域两部分。水域部分占地面积约 $89 \times 10^4 \text{ m}^2$，陆域部分占地面积约 $3.3 \times 10^4 \text{ m}^2$，建筑面积约 7 000 m^2，总投资约 3 亿元。

图 2.8　某河皮划艇赛道规划效果图

根据《青岛市水上运动管理中心关于跨某河景观大桥技术参数的函》的相关要求，新建桥梁跨某河景观大桥技术参数及所需训练及比赛水域范围有如下内容。

（1）长度2 300 m。

（2）宽度150 m（150 m范围内无桥墩及其他障碍物）。

（3）水深度3 m。

（4）桥面到比赛要求水面高度3 m，即河床至桥面高度至少6 m。

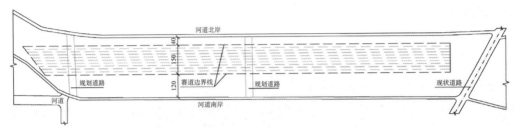

图2.9　某河皮划赛艇赛道平面布置图（单位：m）

第八节　某河及两岸规划

1. 某河总体规划

某河，作为黄岛区的"母亲河"，在黄岛区境内发源入海，贯穿市域东西，流经城市中心，在黄岛区九条主要河流中最具代表性和典型性，是城市核心景观元素之一。

某河规划以构建生态格局、促进城市发展、营造城市活力、展示城市形象为核心目标。秉承生态优先的理念，某河沿线空间规划采用了"风""雅""逸""颂"不同的沿河特色空间。针对某河两侧用地现有存在的问题，提出了"护水""清水""安水""活水""秀水"的具体规划策略。

"护水"——水资源保障。其具体的措施包括滞蓄雨洪，补充地下水，多渠道补水，构建安全水系体系，巩固水源保护。

"清水"——水环境治理。其主要包括加强污染源治理及控制，建设生态驳岸，增加河道内的生物栖息地等措施。

"安水"——水安全建设。其主要包括提高城市防洪标准，加强河道堤防建设，保留潜在自然的洪泛区。

"活水"——水开发控制。其主要包括构建生态安全格局，分区发展策略，确定各个分区主导服务功能等内容。

"秀水"——水文化弘扬。其主要包括构建流域景观风貌结构，沿河旅游策划等。

某河规划通过某河两侧用地开发来激活某河两侧的城市发展，营造人与自然和谐优美的城市环境，打造青岛西海岸的城市新地标和人居新空间。

2. 某河现状

本段现状某河南北堤坝间距离约316 m，河道采用石砌复式河床，浆砌河堤，草皮护坡，在规划一路西侧采用了橡胶坝拦河蓄水，两岸堤顶按国家三级公路标准设计，堤坝路宽约7 m。

图2.10　现状某河及堤坝路

现状某河河底清波荡漾，堤坡绿草茵茵，两岸绿树掩映，成为城区一道美丽的风景线、绿色生态线和顺直交通线，是人们抛线垂钓、观赏游览、休闲漫步、划船游水的好场所，是城市人亲近自然、拥抱自然的"近水楼台"。

3. 某河防洪标准及梁底标高要求

某河防洪标准为百年一遇，排涝标准为20年一遇，堤防工程级别为1级。

根据防洪评价初步估算，新建规划二路桥梁、新建规划一路桥梁底高程如表2.3所示。

表2.3　梁底高程

位置	河底	梁底高程	现状堤顶高程
新建凤凰山路桥梁	0.76	6.76	6.15
新建海口路桥梁	1.25	7.25	6.35

4. 某河与该项目关系

本次桥梁设计为跨越某河的规划一路跨某河桥、规划二路跨某河桥及现状某景观大桥的桥梁景观的改造工程，某河位于整个某河总部的地理中心地带，是连接南部商务CBD及北岸健康生活片区的重要纽带。本次设计的三座桥梁是整个青岛海洋活力区的基础设施建设的重点工程、形象展示工程及民心工程。

在功能上要加强中央活力区南北两岸的联系，缓解紧张的交通压力环境；在景观上要建造整个海洋活力区的景观标志性节点；在形象上要提升海洋活力区的形象，打造青岛新国际大都市的名片；在文脉上张扬海洋文化，体现区域海洋经济特色；在生活上要方便市民生活，感受生态绿色，成就现代滨海都市活力时尚之心。

第九节　区域内水系规划

该项目除了某河以外，还涉及相公山河、月牙河及豆金河等三条河道。

（1）豆金河位于人才活力区与公园活力区交界处，在规划金河路东侧的河流，是某河的主要支流。该河道干流长 4.3 km，坡降 2.8%，流域面积 11.17 km^2。本段规划蓝线宽度约 50 m，豆金河经现状闸桥后流入某河。豆金河防洪标准为 50 年一遇，排涝标准为 10 年一遇，堤防工程级别为 2 级。

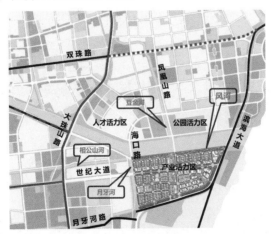

图 2.11　规划河道平面关系图

图 2.12　现状豆金河及闸桥

（2）相公山河与月牙河交汇于某河，均属于某河支流，干流长约7.67 km，流域面积12.7 km²。相公山河规划蓝线宽度约48 m，月牙河规划蓝线宽度约36 m。相公山河与月牙河防洪标准为50年一遇，排涝标准为10年一遇，堤防工程级别为2级。

图2.13　现状相公山河与月牙河

第十节　现状桥梁调查

根据现场调查，该项目共涉及四座现状桥梁，分别为滨海大道跨某河景观大桥、某河两岸堤坝路的三座桥梁。

1. 滨海大道跨某河景观大桥

滨海大道跨某河景观大桥为13 m×30 m的多跨简支梁桥，上部结构采用预应力混凝土简支T梁，下部结构采用钢筋混凝土排架墩结构，基础采用钻孔灌注桩。

图2.14　滨海大道跨某河景观大桥现状照片

2.某河北堤坝跨豆金河闸桥

豆金河闸桥采用五跨简支梁桥，上部结构采用预应力混凝土简支板桥，下部结构采用钢筋混凝土排架墩结构，基础采用钻孔灌注桩。

图2.15 豆金河闸桥现状照片

3.某河南堤坝现状相公山河桥、月牙河桥

现状相公山河桥、月牙河桥均位于某河南堤坝三河交汇处，上部结构均采用预应力混凝土简支板梁，下部结构采用钢筋混凝土排架墩结构，基础采用钻孔灌注桩。

图2.16 相公山河桥、月牙河桥现状照片

4.现状桥梁和该项目的关系

本次设计对滨海大道跨某河景观大桥进行景观效果提升，不涉及原结构改动；对豆金河闸桥及相公山河桥原老桥利用；对月牙河桥进行拆除，原老桥位置为新建规划一路某景观大桥桥台。

第三章

<<< 设计方案总体思路

第一节　总体设计要求

一、总体设计定位

本次桥梁设计为跨越某河的规划一路跨某河桥、规划规划二路跨某河桥及现状某景观大桥的桥梁景观的改造工程，某河位于整个某河总部的地理中心地带，是连接南部商务CBD及北岸健康生活片区的重要纽带。木次设计的三座桥梁是整个青岛海洋活力区的基础设施建设的重点工程、形象展示工程及民心工程，目标是将其打造成为海洋活力区的标志性门户景观。同时，新建桥型方案、老桥景观提升方案应在保证桥梁使用功能及质量、安全、第一的基础上具有创新性。

二、总体设计思路

在借鉴国内外特大型桥梁工程的建桥实践及成功经验的基础上，结合该工程特点，通过认真分析和深入研究，做到思路清晰、构思严谨、分析合理。

桥梁的选型、布置形式应充分考虑工程的可行性、可实施性和社会经济效益等因素，因地制宜，结合该工程范围内的地形地物、河道和相交道路情况，根据总体规划要求，合理布置，在保证交通功能的前提下，尽可能减少对周围环境、总体规划的影响，通过多方案比较进行优化。

三、总体设计理念

桥梁设计理念应做到理念突出、创意新颖并且可实施性强，并充分重视景观设计，力求造型美观，总体上与周围环境协调；同时，应充分重视在桥梁建设和服役期间对城市环境的保护以及体现"以人为本"的思想，降低对居民生活的不利影响。

四、总体设计原则

1）道路总体

（1）在黄岛区总体规划思想指导下，以海洋活力区专项规划为依据，与周边基地的重要工程相协调，使设计范围内的道路工程既要满足建设海洋活力区周边大交通需要，又能满足区域交通快速疏解的需要，更要为地区的开发发展创造有利环境。

（2）合理确定工程的建设规模和建设标准，使之符合规划对市政基础设施的要求。

（3）注重工程方案的近远期结合，并与已建、在建工程有序衔接，使工程方案更趋合理。

（4）根据道路地块用地性质合理布置道路横断面，设计方案既能满足交通流量发展的需要，又能做到在功能上适用、技术上可行、经济上合理，以取得最佳的投资效果。

（5）结合沿线相交道路现状和路网规划，合理进行交叉口设计。

（6）在方案设计过程中，注重实地调查，通过走访规划、水务等相关主管部门收集资料，掌握工程现场的现状实际情况。在此基础上，提出符合实际情况、操作性强的设计方案。

（7）道路上下兼顾，合理妥善安排机动车、非机动车、行人三者交通组织，力求使该工程实施后能充分发挥道路的功能。

（8）坚持"以人为本"的原则，完善人行过街设施，同步建设方便残疾人、老年人和弱势群体服务的工程配套设施。

（9）坚持科学态度，积极采用新技术、新工艺、新材料等，既要经济合理、安全可靠，又要适合该工程的特点。

（10）注意道路景观，使道路布局、绿化与沿线建筑达到和谐美观。

2）桥梁

（1）桥梁设计全面贯彻"功能适用、结构安全、造价经济、结构耐久、造型美观、环境协调，技术先进、绿色环保"和工程可实施性的总技术目标，并充分吸取国内外桥梁设计和建设的新理念、新材料、新工艺和先进经验。

（2）在桥梁方案设计过程中，注重实地调查，通过研究地区控规与过往研究资料，掌握工程现场的现状实际情况。在此基础上，提出符合实际情况、操作性强的设计方案。

（3）在总规划控制的前提下，对与本工程相关的其他工程合理安排、同步实施，减少建设过程中的废弃工程，节约工程投资。

（4）桥梁设计时须充分考虑自然灾害对桥梁结构的影响。

（5）引桥桥型方案应主要达到结构安全可靠、技术先进、造价经济、造型美观，并与主桥风格保持一致。

五、总体设计目标

桥梁设计应充分挖掘青岛的地域历史文化内涵，充分使生态指挥理念，桥梁与区域环境相协调，与某河两岸规划融为一体。

综合考虑桥梁平面线形、纵断面线形、横断面组合等，满足行人及车辆行驶的技术要求。

六、总体设计策略

桥梁定位在具备本身功能需求的同时还需保证三座桥梁高低错落、相得益彰，达到一桥一景的景观效果，同时三座桥梁又能相互呼应。

桥梁设计所用材料的选择、外观的质感、色彩的运用、夜间灯光的效果，应注重与现有桥梁及周边环境、建筑的协调。

桥梁所采用的结构型式和材料，需充分考虑近海环境的材料防腐，提高结构的耐久性，确保桥梁正常服役期限到百年。

七、应充分研究的关键技术内容

（1）桥梁跨径布置。

（2）近海环境的耐久性、抗腐蚀性措施。

（3）主桥的施工方法、工艺方案与工期。

（4）桥梁建筑与美学。

（5）项目工程投资。

第二节　主要技术标准

一、桥梁设计标准

（1）道路等级。滨海大道、规划一路：城市主干路；规划二路：城市次干路。

（2）设计荷载。汽车荷载：城一级；人群荷载：按《城市桥梁设计规范》（CJJ 11—2011）取用。

（3）设计安全等级。一级。

（4）设计基准期。百年。

（5）桥梁使用年限。百年。

（6）环境类别。Ⅲ类（近海洋环境）。

（7）抗震要求。基本烈度7度，地震动加速度0.1 g，城市斜拉桥及主跨大于150 m的拱桥均按甲类设防。

（8）通航要求。皮划艇赛道要求净宽×净高不小于150 m×3 m，比赛水位3.97 m。

（9）横坡车行道双向2%，人行道反向1%。

（10）抗风设计标准。基本风速：百年重现期的基本风速为36.6 m/s；地表粗糙度类别为D类。

（11）防撞等级：SB级。

二、道路设计标准

1. 道路等级

规划一路、规划二路、滨海大道道路等级为城市主干路。

2. 设计速度

规划一路、规划二路、滨海大道设计速度均为50 km/h。

3. 设计年限

（1）道路交通量达到饱和状态时的设计年限：20年。

（2）沥青混凝土路面设计基准期：15年。

4. 荷载等级

道路路面结构计算荷载：BZZ-100型标准车。

5. 通行净空

（1）机动车道通行净空≥4.5 m。

（2）非机动车道净空≥2.5 m。

（3）人行道净空≥2.5 m。

6. 车行道宽度

（1）大、小型汽车混行车道：3.5 m。

（2）交叉口进口车道最小宽度：3.25 m。

（3）一条非机动车道宽度：1.0 m。

7. 主要线形标准

表3.1　主要线形标准一览表

内容		单位	指标
计算行车速度		km/h	50
圆曲线不设超高最小半径		m	400
圆曲线设超高最小半径	一般值	m	200
	极限值	m	100
平曲线最小长度	一般值	m	130
	极限值	m	85
缓和曲线最小长度		m	45
圆曲线不设缓和曲线最小半径		m	700

三、排水设计标准

1. 雨水设计标准及参数

以《室外排水设计标准》（GB 50014—2021）及地区现行规划为指导，该工程雨水设计标准和参数选用为如下内容。

（1）该工程位于黄岛区，设计暴雨强度公式：

q=902.934（1+0.919 lg P）/（t+4.160）^0.534 ［L/（（s·hm^2））］

式中，

q——设计暴雨强度（L/s·hm^2）；

P——设计暴雨重现期（a）；

支路及次干路P=3a，主干路P=5a，桥面雨水P=10a。

t——降雨历时（min）；

t=t_1+t_2；

t_1——地面集水时间（min）；

t_1=5 min；

t_2——管内雨水流行时间（min）。

（2）流量公式：

Q=$qx\psi xF$（L/s）

式中，

Q——雨水设计流量（L/s）；

ψ——综合径流系数；

F——汇水面积（hm^2）；

q——暴雨强度（L/s·hm^2）。

（3）综合径流系数ψ。根据《室外排水设计标准》（GB 50014—2021），汇水面积的平均径流系数按地面种类加权平均计算。

本次设计收集的雨水主要为桥面雨水，因此径流系数$\psi=0.9$。

2. 污水设计标准及参数

（1）地下水渗入量标准：取日均旱流污水量的10%。

（2）污水量计算公式：

$$Q=K \times Q_d+Q_u（L/s）$$

式中，

Q——设计污水量（L/s）；

Q_d——日均旱流污水量（L/s）；

K——污水量变化系数，按《室外排水设计标准》（GB 50014—2021）选用；

Q_u——地下水渗入量（L/s），取$Q_d x$ 10%。

3. 管道粗糙系数

埋地塑料管：$n=0.011$；

钢筋砼管（雨水管道）：$n=0.013$。

4. 抗震设计烈度设防标准

排水管道工程按标准抗震设防烈度为7度。

第三节 主要设计规范

（1）《城市桥梁设计规范》（CJJ 11—2011）。

（2）《城市桥梁抗震设计规范》（CJJ 166—2011）。

（3）《公路桥涵设计通用规范》（JTGD 60—2015）。

（4）《公路钢筋混凝土及预应力混凝土桥涵设计规范》（JTG 3362—2018）。

（5）《公路桥涵地基与基础设计规范》（JTG 3363—2019）。

（6）《公路钢结构桥梁设计规范》（JTGD 64—2015）。

（7）《公路桥梁钢结构防腐涂装技术条件》（JT/T 722—2008）。

（8）《公路斜拉桥设计细则》（JTG/T D65-01—2007）。

（9）《公路桥梁抗风设计规范》（JTG/T 3360-01—2018）。

（10）《钢结构设计标准》（GB 50017—2017）。

（11）《桥梁用结构钢》（GB/T 714—2015）。

（12）《公路桥涵施工技术规范》（JTG/T 3650—2020）。

（13）《公路工程混凝土结构防腐蚀技术规范》（JTG/T B07-01—2006）。

（14）《城市桥梁桥面防水工程技术规程》（CJJ 139—2010）。

（15）《公路交通安全设施设计规范》（JTG D81—2017）。

（16）《公路交通安全设施设计细则》（JTG/T D81—2017）。

（17）《城市桥梁工程施工与质量验收规范》（CJJ 2—2008）。

（18）《混凝土结构耐久性设计标准》（GB/T 50476—2019）。

（19）《水运工程结构防腐蚀施工规范》（JTS/T 209—2020）。

第四节 总体方案构思

一、规划解读分析

1. 海洋活力区总体规划解读分析

青岛海洋活力区位于滨海城市滨海大道以西、世纪大道两侧区域，是"一核双港、多区联动"的城市空间格局中最为核心的区域。青岛海洋活力区以建设"独具海洋文化特色的现代化新型海洋活力区"为目标，按照"开放、现代、活力、时尚"的理念，重点打造新一代海洋经济创新活力示范区，搭建全球化经济枢纽，承接国际化创新服务人才，建设精品化海城共融环境。目前，规划将该区域划分为公园活力区、人才活力区、产业活力区三大区域，三区合一统筹打造西海岸海洋经济活力核心区。

2. 跨某河桥梁规划解读分析

（1）地理位置分析。本次桥梁设计为跨越某河的规划一路跨某河桥、规划二路跨某河桥及滨海大道现状某景观大桥的桥梁景观的改造工程。某河位于地理中心地带，是连接南部商务CBD及北岸健康生活片区的重要纽带。

（2）周边地块分析。根据规划，跨某河桥梁两岸为南岸的产业活力区及北岸的人才活力区和公园活力区。南岸产业活力区依托国际资源优势及空间地标有效彰显，实现产业活力区的核心引领升级，搭建本土品牌输出、优势资源引入和国际信息交流三大核心职能的面向国际资源的综合前沿窗口；北岸人才活力区以高端医养为核心、国际化人才社区为支撑，品质化休闲配套为基础，服务海洋活力区国际化高端人才。有优良的社区生活环境和休闲交往氛围为依托，力求打造面向未来的高品质的生活活力空间。公园活力区结合某河北岸的城市公园，共同打造成为北部活力区与西部健康城的后端生态休闲平台，通过文化、生态、休闲功能的植入，丰富公园的人文性、趣味性、多元性，实现高效联动两大城市功能区域的职能定位，构建生态化的城市休闲"绿肺"。

（3）规划路网分析。区域内部路网构成以大珠山路、规划一路、滨海大道等道路组成的"三横、四纵"主干骨架，并规划形成级配合理、密度适宜、与周边区域路网形成良好衔接的次支路网。

二、桥梁空间层次设计

根据规划解读，本次三座桥梁在空间层面的整体空间关系如下。

规划一路跨某河桥位于某河与相公山河、月牙河的三河交叉地带，连接南北两岸，是人才活力区与产业活力区的纽带。从东望去视野较为开阔，南岸在规划上将要建立多处超高层建筑群，而北侧多以中层建筑为主，打造人才活力中心。在交通方面，连接某河快速路，城市主干道的交汇点，是车流聚集之地，在桥梁设计上针对桥梁整体的高度和体量可以有所展现，可以采用高耸的桥塔或构筑物以体现三河交合处的标志性景观，桥梁景观造型上可以考虑形式上以连接南北两岸的建筑高低差为主，与南岸高层建筑群体融为一体，同时又能兼顾北岸中层建筑，能彰显景观节点特征但又与整体相协调。

规划二路跨某河桥连接胶南老城区与海洋活力区核心区，毗邻活力区滨河公园和中央景观带，是核心区景观工程的重要组成部分。其地处整个某河中央地带，东面是现状某景观大桥，桥梁在高度上较为平缓，而南侧则致力于打造 380 m 的超高层复合性地标——蓝色海洋金融中心，在整体规划上规划二路桥梁不应出现高耸的桥塔或构筑物破坏邻近和谐的建筑景观。在整个空间层次上不应喧宾夺主，致力于突出复合地标的焦点聚集。因此，在体量和造型上要兼顾南岸的高耸、东侧的平缓，不破坏邻近和谐的建筑景观。作为组团式的桥梁景观造型，要融合现有的桥梁及周边景观建筑，在体量上注重轻盈简洁流畅；作为整个核心景观的重要组成部分，在造型等形式方面体现出区域的特色与个性化要求。

现状滨海大道跨某河桥梁位于滨海大道上，毗邻灵山湾，是海洋活力区的门户景观。其结构形式为空心板桥梁，在空间层次上其高度较周边高层建筑较低，现状某景观大桥是舒缓的，起到起承转合、承上启下的作用，是连接公园活力区与产业活力区的纽带。

因此，整个某河三座桥梁在空间层次上应该是高低错落、井然有序的，是城市空间轴线的连接，将南北两侧的西海岸中央公园和某河湿地系统联系起来，形成区域范围内完整的、相互联系的绿化空间体系，与整体的空间相融合。滨海大道跨某河桥毗邻灵山湾，是蓝色海洋与绿色城市的交融点，亦为海洋活力区的门户，改造风格既要贴合海洋形态，又要与城市绿色生态融为一体，体现城市的人文关怀。规划二路跨某河桥地处整个活力区的中心地带，南面CBD区已规划打造高耸特色地标群，北面为生态公园活力区，与两岸景观的巧妙衔接与融合是它的不二定位，设计中宜采用形态丰富、高度适中的桥梁过渡南北片区高差，形成流畅的城市天际线。规划一路跨某河桥北端贯穿人才活力区中心，南侧不但是三河交汇口，更是规划滨河南路与规划一路的交汇点，而且紧邻世纪大道，位于城市路网大动脉交汇的重要节点，该处最适宜建造高耸的标志性桥梁，使其成为人们在城市中穿行的记忆坐标点。

三、城市桥梁景观特色需求

城市桥梁，尤其是一座城市主要河流上的景观桥，往往寄托着人们的情感，体现着地域文化，是联系河流两岸的纽带，是城市的核心动脉。在国内外的城市中通过水

图3.1　伦敦泰晤士河

景桥梁的建设提升城市品位和知名度已有相当多的成功案例，如天津海河、上海苏州河、巴黎塞纳河、伦敦泰晤士河，这些景观桥梁建设都成了城市的核心文化载体，成了城市的一张亮闪闪的名片。景观桥梁是人们城市记忆的载体，一座桥梁的景观设计要以记住一座城市为设计意愿。

因此，整个桥梁在风格上要紧贴活力区"海洋特色"的主题，针对片区特点打造品质高超、造型独特并具有海洋内涵的景观桥梁，使之成为西海岸新区乃至青岛市的重要景观节点。桥梁的选型应注重海洋特色与美学的结合，体现新区特点和海洋文化，并体现桥梁建筑的区位特点与城市文化底蕴；桥梁的总体布置和结构选型应注意空间比例并与周边景观相协调，以塑造景观桥梁空间结构的美感，打造原创性、标志性的城市建筑。

四、新建桥梁跨径研究

桥位处某河南北堤岸间间距约136 m，与拟建桥梁斜交约3°；根据《青岛市水上运动管理中心关于跨某河景观大桥技术参数的函》相关要求，新建桥梁跨某河景观大桥赛道净宽为150 m（150 m范围内无桥墩及其他障碍物），且桥梁主梁底面到比赛要求水面高度3 m，即河床至桥面高度至少为6 m。主跨设计时须考虑河道斜交角、桥墩墩柱及防撞设施的间距，每侧考虑不小于7.5 m，故最终桥梁主跨跨径不宜小于165 m。

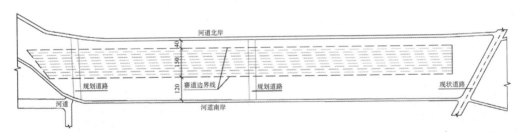

图3.2　某河皮划赛艇赛道平面布置图（单位：m）

五、新建桥梁桥型研究

对于主跨165 m的桥型方案，可选择连续梁、系杆拱、斜拉、悬索等基本形式及其组合体系。现就各种常见桥型的可行性及适应性进行分析。

1）变截面连续梁桥

连续梁桥由于其建设技术简单，现浇梁可适合各种情况，造价相对经济，维护使用成本低，是目前国内桥梁的主流桥型。但本桥跨径较大，导致主梁建筑大，无法和北岸道路进行平交，因此连续梁不可行。

图3.3　变截面连续梁桥示意图

2）斜拉桥

斜拉桥是以直线的刚性为基调的，由塔、索、梁构成简洁、稳定的几何形态，充分体现了现代高速度、快节奏的时代感，是现代桥大跨径梁中较为流行的桥型之一；在景观上斜拉桥桥塔形体刚挺、高耸、气势宏伟，视觉冲击较强烈，其空间形态已具备充足的先天优势，加之塔的造型多变，近年来出现了不少构思新颖的桥型。

根据本次建设条件，皮划艇赛道偏向北岸，故可考虑独塔斜拉桥。

图3.4　独塔斜拉桥示意图

3）悬索桥

悬索桥是跨越能力最强的桥型之一，当跨度较大时，主要承重构件主缆一般锚固于锚锭上，故称其为地锚式悬索桥；当跨度较小或地形条件受限时，缆索直接锚固于加劲梁上而形成自锚式悬索桥。自锚式悬索桥近年来在城市景观桥梁中得到了迅速发展。

与斜拉桥类似，本次也可考虑独塔悬索桥。

图3.5 独塔悬索桥示意图

4）系杆拱桥

对于系杆拱桥，从桥面相对拱肋位置划分，可以分为上承式拱桥、中承式拱桥、下承式拱桥。

拱结构体形柔和，桥面以上结构具有较好的建筑效果，与周边环境的协调性较好。从"布置协调、受力合理、造型美观"的角度来看，拱桥主要以拱的弧线跨越，给人以流动的韵律感，更容易与周围环境相融合，做到桥梁与环境相互依存，和谐共处，并且因为桥梁的加入而使区域的环境景观更为生动和丰富。

通过以上各类桥型的分析并结合该项目特点可以看出，斜拉桥、系杆拱桥及自锚式悬索桥或者其间的组合协作体系均可满足本次某景观大桥的各项建设基本要求。

图3.6 系杆拱桥示意图

第四章

<<< **桥梁方案设计一**

第一节　方案设计理念与布局构思

一、设计理念：一河、两岸、三区、四合

桥梁设计在秉承片区内一河、两岸、三区的黄金布局的基础上，以"四合"这一理念加以拓展和充实。其形式上用"四组构件"相互架构得以实现，寓意指天合、地合、人合、己合。

距今3000多年的中国古代四合院，将东、西、南、北四面围合，方正大气，"合天地之大道，应阴阳之至理"。

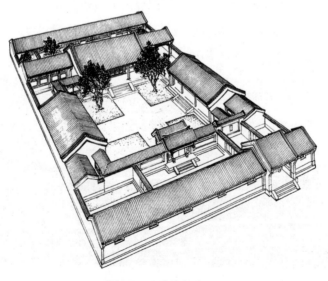

图 4.1　四合院的布局

"四"在古汉语中含义深远,《易传·系辞上传》曰:"易有太极,是生两仪,两仪生四象,四象生八卦。""四"被隐喻成"大""广""开阔"等意思。

"四"在字体结构上形式特殊,由"口八"组合而成,喻义浩瀚、深邃,并且又有"方向感"(四面八方)、"时节性"(四时八节)。

该项目所在地跨越的某河水廊道,在临近入海口处有"四"条河流与之相汇,自北向南依次为豆金河、小辛河、峄山河和月牙河,凝聚着"百川东到海"的恢宏气势。

"四"与"丝"谐音,青岛作为"丝绸之路"的支点城市,是新亚欧大陆桥经济走廊主要节点,近年来在"一带一路"外贸市场上开拓奋进,日益成为国家战略新高地和区域发展新极点。

"合"与"核"谐音,寓意活力区作为西海岸核心区的重要地位,也预示着活力区在创建海洋活力新进程中的坚定信念。

四合,有"四面围拢""四方配合"之意。青岛海洋活力区的景观桥梁方案以"四合"为设计理念,倡导融合、协作、会聚,打造人与环境共创、共享、共生的命运共同体。青岛海洋活力区的三座景观桥梁均是"四合"这一抽象理念的形象演绎,亦是中华文明的集中展现和东方文化的具体凝练。

二、桥梁方案布局与构思

(一)一号桥——丝路·交合

一号桥处于某河入海口的门户位置,是海岸天际线的重要组成部分,桥梁连接北侧公园活力区和南侧产业活力区的近海地带。独特的门户地段赋予了其绝佳的景观视角,既可倚栅西观黄海之浩渺,亦可凭栏东眺都市之繁华,是活力区区内交通和外围过境交通的咽喉要道。为追求开阔的视觉效果,凸显380 m国际海洋金融中心的至高

图4.2　天际线桥梁

视角，桥梁不采用高耸的外部造型，而是以飘扬逸荡、高低起伏的丝带与曲中有直的道路相结合，寓意"丝路·交合"。

桥梁方案在进行具体造型构思时，采用四条韵律灵动的丝带，两两一组分别敷设在主桥两旁，或高低错落，或蜿蜒萦绕，将北区开放共享的绿色游园与南岸海城共融的市民街区有机结合，沟通了某河生态走廊两岸的亲水步道，从而共同构筑舒适、宁静、惬意的慢行空间。同时，滨海大道作为对外衔接道路系统的主要通道，未来将通过立体快速通道的建设有效剥离过境交通，净化区内交通，使得路段的通行能力大大提高，交互的便利性大大增强。目前，保留老桥的方案也能够满足区域内交通有序、通行顺畅的发展目标，直线型的主桥彰显了便利、高效、通达的出行品质；充分利用一号桥拱肋高低起伏的态势，运用写意的手法将两岸的建筑群串联成海岸天际线的华美乐章。

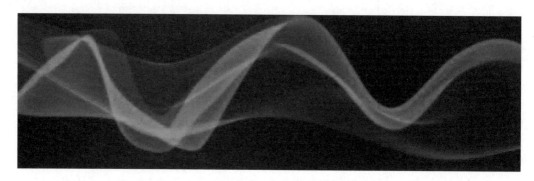

图 4.3　丝带形象

图 4.4　一号桥创意手绘

（二）二号桥——灯塔·聚合

在片区规划上，二号桥位于区内主干路规划二路跨某河生态水廊道之上，处于活力区景观中轴线的重要位置，向北承接公园活力区和人才活力区，向南拓展金融产业与时尚业态，街区渗透、活力串联，共建活力区复核品质体验新空间。在轴线聚焦上，二号桥处于三座景观桥的中心位置，是南北向中轴线景观带和东西向水廊道景观带的核心焦点。在空间构成上，此处高耸的桥梁可以与东侧的蓝色海洋国际金融中心和西侧的海洋时尚商业双子塔形成鼎足之势和三角形的稳定形状，引领活力区新地标。

桥梁在横向设计上独具匠心地采用了机动车、非机动车、行人分流的布局，将漫步休闲的人流与集散的交通分隔开来，并在主塔位置设置休息观景平台，在都市的繁华喧嚣中体味宁静，在街区的时尚潮流中审视自我。桥塔是二号桥最具特征的时代标签，四根塔柱由中分带和侧分带穿出，在高塔中部合而为一，四根塔柱刚劲有力，稳定方正，向上聚合成一座更加强大的独塔，预示着我国的海洋事业向海图强、励精图治、走向深蓝的决心，也预示着活力区比肩青岛、更创辉煌的壮志豪情。因而，我们赋予二号桥以"灯塔·聚合"之意，并将这华美交响乐的演奏推向高潮。

图4.5　灯塔

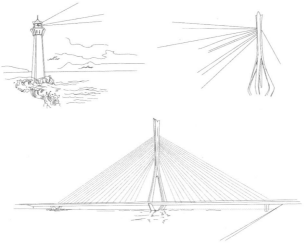

图4.6　二号桥创意手绘

（三）三号桥——灵贝·和合

规划一路景观桥为新建桥梁，在区域定位上，位于某河与峄山河、月牙河的三河交叉地带，是连接北部人才区和南部产业区的重要通道，既为产业区输入新活力，也为人才区注入新动能，是产城融合的重要纽带。在轴线规划上，三号桥是活力串联环的一个重要西环，也是区域内西部交通的要道，惊叹之余令人神往。合川汇聚之处，建此桥梁，象征着海纳百川、有容乃大的豪迈气魄，更彰显多元业态功能联动的国际氛围。

在桥梁的横向设计上依然沿用快、慢行系统分离的思路，将拱肋由侧分带穿越而过，在拱肋的造型上采用高低拱的造型，以四榀拱肋的分离与融合构筑整个桥梁优美流畅的曲线，拱肋的一部分即可作为人行区域的遮阳系统，也为慢行空间的人行体验增添了富于变化的光影体验和灵动韵律。拱肋的变幻和架构是三号桥的重要特点，该桥在造型上是"四合"理念的创意衍生和另类诠释。主跨拱肋或通过小型构件，或通过自身转体形成四肢相合的造型，边跨拱肋四相分离但又不失联系，开合之间体现了活力区的动感包容与互动融合。

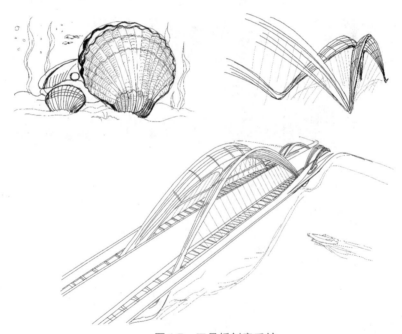

图4.7　三号桥创意手绘

一静一动、一快一慢的复合型交通空间与灵山湾海贝一张一翕、吐故纳新的生物形态相呼应，从拱肋变幻的角度诠释着生命的张力，故赋予三号桥以"灵贝·和合"之意。

三、整体布局

某河生态水廊道的三座景观桥，在意境上浑然一体，犹如中国的古典音乐，从抒情的慢板到热情的快板，最后是高潮切住后的尾声，缓缓流动却令人无限神往。其在形式功能上又相互联系、层层递进，形成串联海河、蓝绿交融的生态"绿脉"，也为打造经贸合作、国际交流、人文品尚的国际海洋活力街区，共奏一曲激情澎湃的华美颂歌。

图4.8 活力区桥梁总体鸟瞰图

第二节 桥梁方案设计说明

一、一号桥——丝路·交合

（一）建筑立意

曼妙的丝带相互缠绕，平坦宽阔的大路穿行而过，心中无所畏惧，方显坚定如初。

图4.9 一号桥鸟瞰图

图4.10 一号桥人视图

（二）夜景照明

用泛光照明的方式将桥拱、曲线梁打亮，用LED霓虹灯妆点拉索，平日照明可采用静态的灯光模式，节日里可采用变化的形状和颜色来烘托气氛，为天际线的夜间景观增色。

图4.11 一号桥夜景效果图

（三）道路总体设计

（1）平面设计。该项目为滨海大道跨某河桥（一号桥），设计范围为滨海大道与某河两岸的滨河南（北）路交会点之间，两处交叉均为平面"十"字形交叉。桥梁范围均为直线段，一号桥路线全长482.567 m，其中桥梁390 m。

平面线形与规划道路设计保持一致。在设计过程中应处理好三个关系，即技术标准与投资控制的关系，道路平面、纵断面的关系，道路纵断面与堤顶路和航道的关系。人行道需考虑无障碍设计。

（2）纵断面设计。竖向设计以活力区总体规划控制标高为基准，以防洪高度、皮划艇赛道净空、堤顶路畅通为控制，为便于排水，高架道路纵坡以不小于0.3%控制，同时考虑非机动车过桥，纵坡不大于2.5%。一号桥为老桥利用，纵断面与现状一致，起点标高H=8.30 m，终点标高H=8.15 m。

（四）结构造型

该桥为滨海大道的老桥景观提升项目，老桥的结构为 13 m×30 m 的预应力T梁，长度 390 m，两幅并立，总宽 44.5 m。在其两侧拼宽人行桥，既是在外观造型上的提升，也是在功能运用上的拓展，为此处远期采用进入隧道前的双向十车道断面，提供了保留原结构的可能性。近期实施时，可以将外挂的人行桥作为休闲观光的人行通道，沟通河道的慢行步道，桥上保留行人和非机动车混行的通行功能。远期可以将中分带拓宽后，压缩人非断面为非机动断面，将拼宽的人行桥设置上下桥的匝道，与主线的人行道连通。

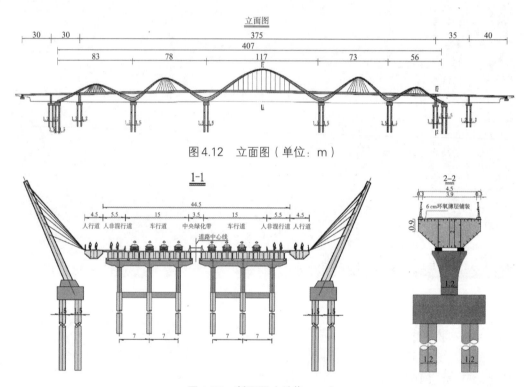

图 4.12　立面图（单位：m）

图 4.13　断面图（单位：m）

拼宽的人行桥结构反对称敷设于原结构两侧，采用全长 407 m 的五跨连续中承式拱，桥宽 4.5 m，最大拱矢高为 25 m。主拱采用变截面四边形钢箱断面，吊杆为预应力平行钢丝束，桥面采用带肋扁平钢箱断面。人行桥的荷载一部分通过梁自身传递至墩台基础，一部分通过吊杆将荷载传递至拱肋再传递至拱脚基础。

（五）结构分析

（1）结构静力分析。

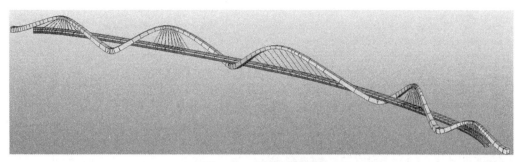

图4.14　主桥计算模型

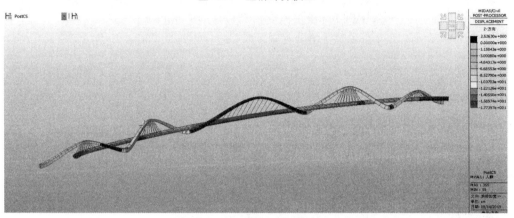

（a）活载作用下最大竖向挠度−17.74 cm

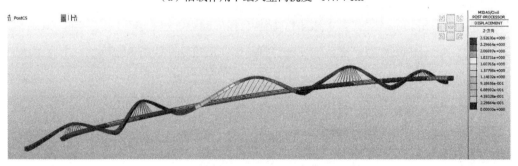

（b）活载作用下最大向上位移2.53 cm

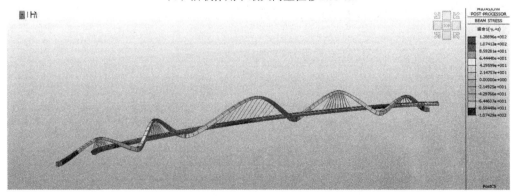

（c）基本组合下结构上缘应力云图（MPa）

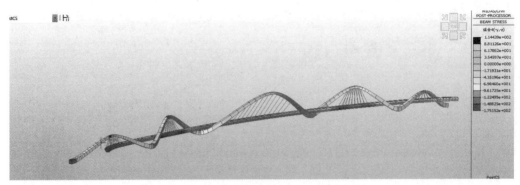

（d）基本组合下结构下缘应力云图（MPa）

图4.15　结构分析结果

主体结构钢材采用Q345qC，根据计算，在基本组合情况下，构件的最大应力为175 MPa，活载作用下主桁的竖向挠度为17.74 cm，结构的强度与变形验算均满足《公路钢结构桥梁设计规范》（JTGD 64—2015）相关要求。

（2）结构自振周期。

整体结构的前5阶自振频率见表4.1。其中，结构以竖弯为主模态出现在第一阶失稳模态，其结构自振竖向频率为1.75 Hz，后期通过加TMD阻尼器使结构达到规范舒适度要求。

表4.1　结构自振周期

模态	频率Hz
1	1.75
2	2.58
3	2.86
4	3.22
5	4.36

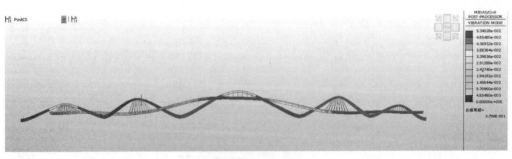

模态1　主梁竖弯

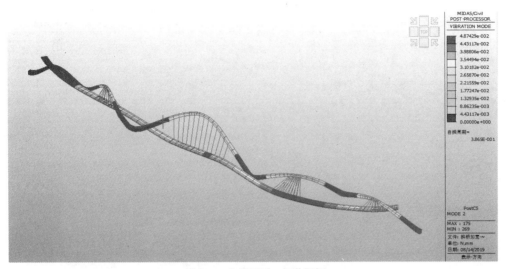

模态2 主梁平动+主拱侧倾

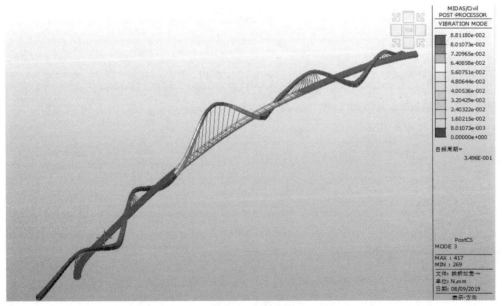

模态3 主拱侧倾

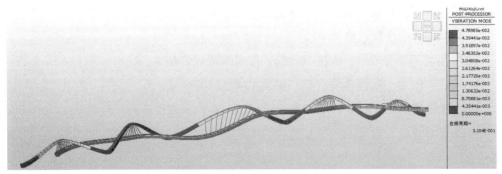

模态4 主梁竖弯+主拱侧倾

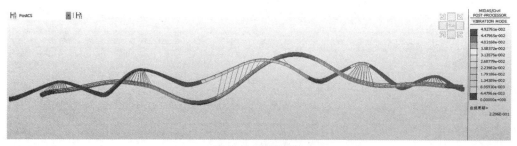

模态5　主梁竖弯

图4.16　结构自振模态

（3）稳定性验算。

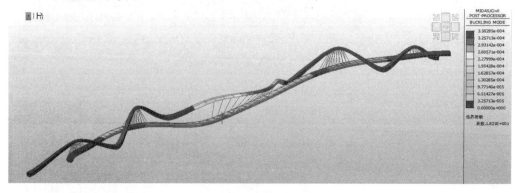

图4.17　稳定性分析

一阶失稳模态：18.2，表现为主拱侧向失稳，满足规范要求。

（六）施工方案

主桥采用先梁后拱的施工方法，钢箱梁采用水中搭设少支架施工，主拱在箱梁上采用少支架施工，主要工序有如下几个方面。

（1）平整场地，下部结构施工时，工厂制作并试拼装拱肋及钢箱梁。

（2）在水中搭设临时支架，建立水中施工平台，根据运输方式、运输能力及吊装能力划分主拱及钢箱梁节段，并在桥位附近设钢结构焊接拼装场地，尽量在拼装场地将钢拱架及钢箱梁拼装成整体节段。

（3）吊装钢箱梁节段，焊接节段缝，使钢箱梁成为整体。

（4）在钢箱梁上搭设临时支架，拼装主拱节段并焊接。

（5）安装拱肋吊杆并张拉，采取有效措施保证主拱施工过程的稳定。

（6）拆除支架，完成结构体系转换。安装防撞护栏、栏杆、铺装以及伸缩缝等附属设施。

二、二号桥——灯塔·聚合

(一) 建筑立意

图4.18 鸟瞰效果图

图4.19 人视效果图

前进中的灯塔，发展中的航标，四根柱肢，由东西南北四个方向聚合之后，汇聚成塔，象征着民族复兴的力量和深化改革的决心。

（二）夜景照明

（a）水面视角

（b）鸟瞰视角

（c）桥下人行视角

图4.20　夜景效果图

　　二号桥利用泛光以及内透光的照明方式打亮桥塔，并在人行道上设置压力感应交互式LED光砖，在吊杆上设置检测车、人流量的彩色灯光传感器，增添了人们的趣味体验感。

（三）道路总体设计

1. 平面设计

该项目为规划二路跨某河桥（二号桥），设计范围为规划二路与某河两岸的滨河南（北）路交会点之间，两处交叉均为平面"十"字形交叉。桥梁范围均为直线段，二号桥路线全长424.978 m，其中桥梁长353 m。

平面线形与规划道路设计保持一致。在设计过程中要处理好三个关系，即技术标准与投资控制的关系，道路平面、纵断面的关系，道路纵断面与堤顶路和航道的关系。人行道需考虑无障碍设计。

2. 纵断面设计

竖向设计以活力区总体规划控制标高为基准，以防洪高度、皮划艇赛道净空、堤顶路畅通为控制，为便于排水，高架道路纵坡以不小于0.3%控制，同时考虑非机动车过桥，纵坡不大于2.5%。二号桥起点标高$H=10.06$ m，终点标高$H=9.87$ m。道路纵坡结合功能及周边用地性质进行综合考虑，全线设置1个坡段，纵坡分别为2.5%、−2.2%，竖曲线半径为3 200 m。

3. 结构造型与布置

本方案采用350 m独塔单索面斜拉桥，桥梁全长350 m；塔高90 m，塔身采用四边形断面，下部分为四肢，由横梁纵梁连接，共同受力；主梁采用混合梁，主跨为钢箱梁，边跨为预应力混凝土箱梁。

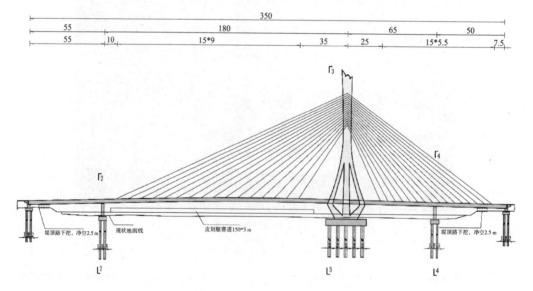

图4.21　立面图（单位：m）

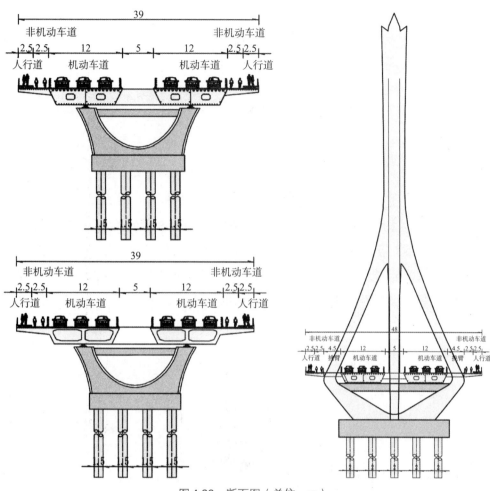

图 4.22　断面图（单位：m）

其结构分左右两幅，标准段单幅桥面宽 17 m，总宽 39 m，加宽段总宽 48 m。塔梁结合处采用横梁连接，增强塔的稳定性。

（四）结构分析

1.结构静力分析

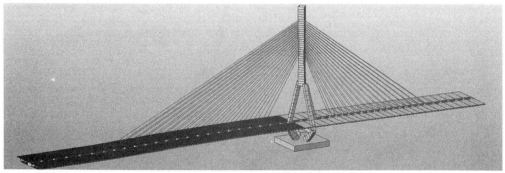

图 4.23　主桥计算模型

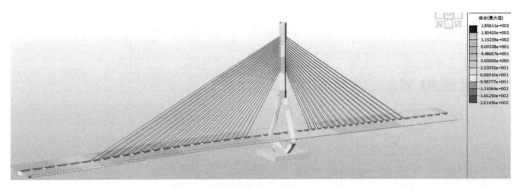

图4.24 基本组合下构件应力云图

主体结构钢材采用Q345qc，根据计算，在基本组合下，构件的最大应力为201 MPa，最大应力出现在主塔与横梁交界处；结构强度满足《公路钢结构桥梁设计规范》（JTGD 64—2015）相关要求；混凝土部分频遇组合下最大压应力15.9 MPa，满足《公路钢筋混凝土及预应力混凝土桥涵设计规范》（JTG 3362—2018）相关要求。

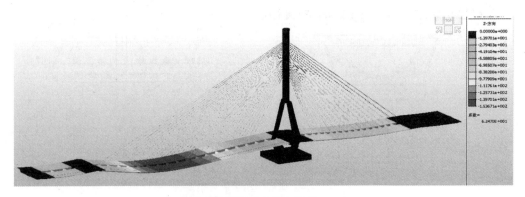

（a）活载作用下最大竖向挠度-14.0 cm

（b）活载作用下最大向上位移3.74 cm

图4.25 结构位移云图

活载作用下最大竖向位移140+37.4=177.4 mm＜L/500=360 mm，结构刚度满足要求。

2.结构自身自振周期

整体结构的前6阶自振周期见表4.2。

表4.2 结构自振周期

模态	周期（s）
1	1.466 767
2	1.171 845
3	0.912 154
4	0.795 662
5	0.563 646
6	0.538 736

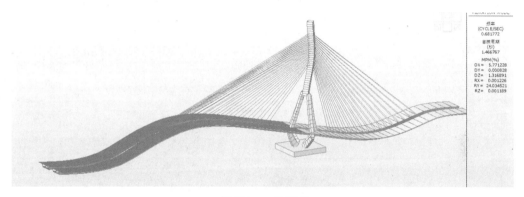

模态1 一阶竖弯

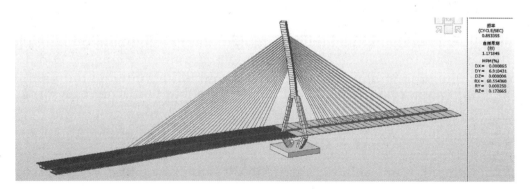

模态2 一阶横弯

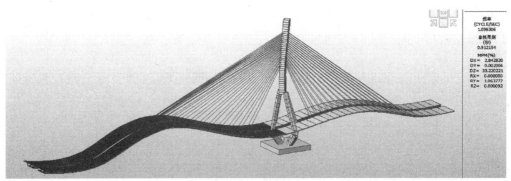

模态3　二阶竖弯

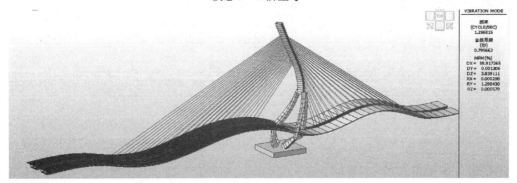

模态4　主塔纵向扭转

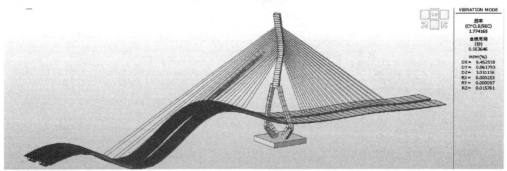

模态5　三阶竖弯

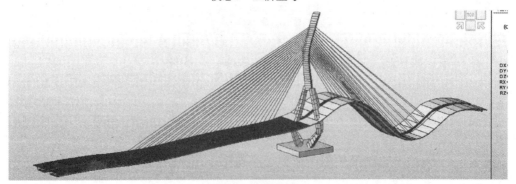

模态6　四阶竖弯

图4.26　结构自振模态

3. 稳定性验算

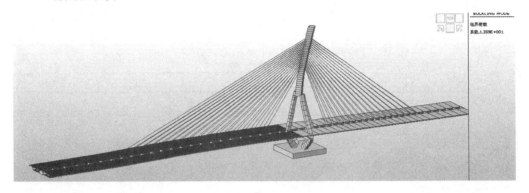

图4.27 结构屈曲模态

一阶失稳模态：13.59，为主塔侧向失稳。

（五）施工方案

主桥采用先塔后梁的施工方法，在水中搭设少支架施工，主要工序有如下几个方面。

（1）平整场地，施工桩基础、承台、桥墩、桥台等，下部结构施工时，工厂制作并试拼装主塔及主梁。

（2）在水中搭设临时支架并预压，建立水中施工平台，根据运输方式、运输能力及吊装能力划分主塔节段，完成主塔施工。

（3）分节段吊装进行钢箱梁施工。

（4）施工混凝土现浇箱梁。

（5）安装并分批次张拉拉索，采取有效措施保证主塔施工过程的稳定。

（6）安装防撞护栏、栏杆、铺装以及伸缩缝等附属设施。

（7）调整斜拉索力。

（8）拆除支架，完成结构体系转换。

三、三号桥——灵贝·和合

（一）建筑立意

灵山湾的海贝凝聚了天地间的灵气，一静一动、一快一慢的复合型交通空间与灵山湾海贝一张一翕、吐故纳新的生物形态相呼应，从拱肋变幻的角度诠释着生命的张力，开合之间体现了活力区的动感包容与互动融合。

图 4.28　鸟瞰效果图

图 4.29　车视效果图

图 4.30　人视效果图

（二）夜景照明

"灵贝"采用泛光照明点亮拱肋和梁体，拉索在白天的日景效果并不突出，但在夜间通LED智能星光灯并集合分布式控制系统，使得"灵贝"在活力区的夜晚大放异彩。

（a）鸟瞰视角一

（b）鸟瞰视角二

（c）岸上视角

图4.31　夜景效果图

（三）道路总体设计

1. 平面设计

该项目为规划一路跨某河桥（三号桥），设计范围为规划一路与某河两岸的滨河南（北）路交会点之间，两处交叉均为平面"十"字形交叉。桥梁范围均为直线段，三号桥路线全长447.14 m，其中桥梁360 m。

平面线形与规划道路设计保持一致。在设计过程中要处理好三个关系，即技术标准与投资控制的关系，道路平面、纵断面的关系，道路纵断面与堤顶路和航道的关系。人行道需考虑无障碍设计。

2. 纵断面设计

竖向设计以活力区总体规划控制标高为基准，以防洪高度、皮划艇赛道净空、堤顶路畅通为控制，为便于排水，高架道路纵坡以不小于0.3%控制，同时考虑非机动车过桥，纵坡不大于2.5%。三号桥起点标高$H=10.25$ m，终点标高$H=8.4$ m。道路纵坡结合地形及周边用地性质综合考虑，全线设置1个坡段，纵坡为2.4%、−2.4%，竖曲线半径为2 200 m。

（四）结构造型

该方案主桥采用全长360 m的中承式系杆拱桥，桥面宽度39~51 m，主拱矢高49.6 m，桥面以上高度36.5 m。主拱采用四边形钢箱断面，矢跨比约为1/3.6，边拱矢高26.2 m，矢跨比约为1/4.2。主梁采用钢箱梁断面，箱梁与挑臂之间通过横梁联系。桥面采用正交异性钢桥面板，行车道桥面铺装采用4 cm厚SMA-13加5 cm超高性能混凝土（UHPC）。

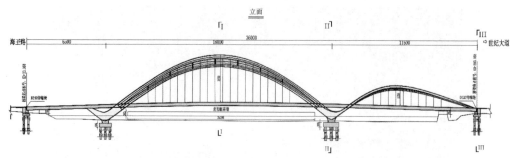

图4.32 立面图（单位：cm）

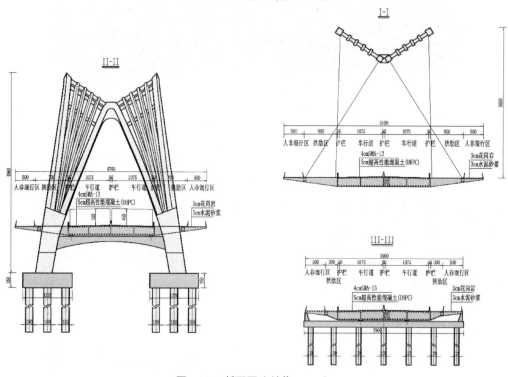

图4.33 断面图（单位：cm）

（五）结构分析

1.结构静力分析

图4.34 主桥计算模型

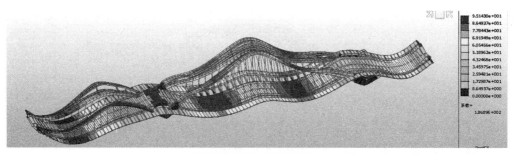

（a）活载作用下最大竖向挠度−9.5 cm

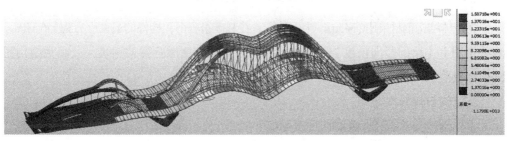

（b）活载作用下最大向上位移 1.5 cm

（c）基本组合下钢箱梁构件上缘应力云图

（d）基本组合下钢桁架构件下缘应力云图

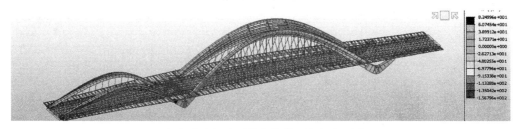

（e）基本组合下拱肋构件上缘应力云图

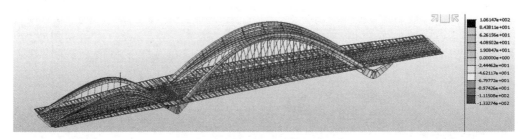

（f）基本组合下拱肋构件下缘应力云图

图4.35　结构计算结果

其主体结构钢材采用Q345qc，根据计算，在基本组合下，构件的最大应力为156 MPa，活载作用下主梁的竖向挠度为11 cm，结构的强度与变形验算均满足《公路钢结构桥梁设计规范》（JTGD 64—2015）相关要求。

2.结构自振周期

整体结构的前6阶自振周期见表4.3。

表4.3　结构自振周期

模态	频率（Hz）
1	1.05
2	1.23
3	1.38
4	1.57
5	1.81

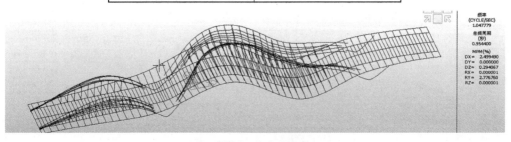

（a）模态1　主拱侧倾

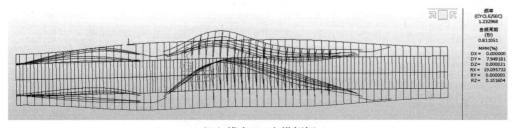

（b）模态2　主拱侧倾

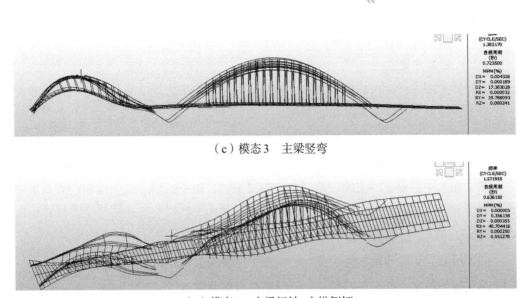

（c）模态3　主梁竖弯

（d）模态4　主梁扭转+主拱侧倾

（e）模态5　主梁竖弯

图4.36　结构自振模态

3. 稳定性验算

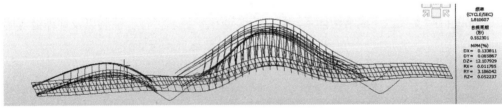

（a）三维视图

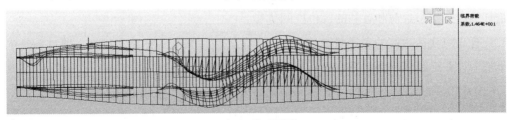

（b）平面视图

图4.37　结构屈曲模态

一阶失稳模态：14.6，表现为主拱侧向失稳。

（六）施工方案

人行桥采用先梁后拱的施工方法，钢箱梁采用水中搭设少支架施工，主拱在箱梁上采用少支架施工，主要工序有如下几个方面。

（1）平整场地，施工桩基础、承台、桥墩、桥台等，在下部结构施工时，工厂制作并试拼装拱肋及钢箱梁。

（2）在水中搭设临时支架，建立水中施工平台，根据运输方式、运输能力及吊装能力划分主拱及钢箱梁节段，并在桥位附近设钢结构焊接拼装场地，尽量在拼装场地将钢拱架及钢箱梁拼装成整体节段。

（3）吊装钢箱梁节段，焊接节段缝，使钢箱梁成为整体。

（4）在钢箱梁上搭设临时支架，拼装主拱节段并焊接。

（5）安装拱肋吊杆并张拉，采取有效措施保证主拱施工过程的稳定。

（6）拆除支架，完成结构体系转换。安装防撞护栏、栏杆、铺装以及伸缩缝等附属设施。

第三节　重难点分析

一、项目设计特点

通过对青岛海洋活力区城市总体规划、该项目所在区某河水廊道规划、海洋文化、军民融合等资源的挖掘及该项目建设条件的调查分析，该项目有如下几个特点。

（一）景观要求高

青岛海洋活力区地处西海岸国家级新区核心区，面朝黄海，与灵山岛隔海相望，毗邻城市阳台景区、大珠山风景区、中央公园（建设中）等休闲娱乐配套设施，具备绝佳的滨海生态景观和有利的区位空间优势。

青岛海洋活力区的三座景观桥分部位于滨海大道、规划二路和规划一路这三条主干道上，并横跨同一条生态水廊道——某河。某河将活力区一分为二，分别为南部商务CBD片区和北部健康生活片区，其中北部区又分为人才活力区和公园活力区。

该方案将以水廊道串联起整个区域内的三座景观桥梁，使其在风格上统一、造型上呼应、视觉上协调、功能上连续，共同打造"一河——两岸——三区——四合"的人与环境共创、共享、共生的命运共同体。

（二）要注重活力区地域特色的创意表达

青岛海洋活力区以建设"独具海洋文化特色的现代化新型中央活力区"为目标，按照"开放、现代、活力、时尚"的理念，重点打造未来的活力示范区，使其成为新区之心、活力之源、蔚蓝之城。

一号桥——"丝路·交合"（滨海大道景观桥）采用四条韵律灵动的丝带，两两一组分别敷设在主桥两旁，以高低错落的拱肋、蜿蜒曲折的桥面与曲中有直的道路相结合，寓意"丝路·交合"。利用一号桥拱肋高低起伏的态势，运用写意的手笔将两岸的建筑群串联成一部海岸天际线的华美乐章。

二号桥——"灯塔·聚合"（规划二路景观桥）采用四根逐渐汇聚的塔柱在桥塔的中上部组合成一根强大的独塔，预示着我国的海洋事业，向海图强、励精图治、走向深蓝的决心，也预示着活力区比肩青岛、更创辉煌的壮志豪情。

三号桥——"灵贝·和合"（规划一路景观桥）采用高低拱的造型，以四榀拱肋的分离与融合构筑整个桥梁优美流畅的曲线。主跨拱肋或通过小型构件，或通过自身转体形成四肢相合的造型，边跨拱肋四相分离但又不失联系，开合之间体现了活力区的动感包容与互动融合。

（三）要处理好与某河生态水廊道的关系

某河，在黄岛区境内发源入海，贯穿市域东西，并流经城市中心，在胶南的众多河流中具有代表性和典型性，是城市的核心景观元素。某河防洪标准为百年一遇，排涝标准为20年一遇，堤防工程级别为1级。三座景观桥的梁底标高和支座高程均应满足相关防洪排涝的标准要求，且应跨过防洪堤并满足相应的净空要求。

根据青岛市水上运动管理中心《关于跨某河景观大桥技术参数的函》得知，皮划艇赛道通行净空为150 m×3 m，并一孔跨越通航水域。桥位处的河口宽度约310 m，二号桥和三号桥均在赛道水域，因此采用180 m的跨径可以满足赛道通行要求。

二、关键技术问题及其对策措施

（一）异形结构的设计与施工

该项目的钢拱、钢塔与曲梁的造型均由空间三维曲面构成，结构上也为高次超静定结构，受力比较复杂，设计难度大且施工精度要求高。

设计阶段应加强计算分析，可采用大型通用有限元分析程序分析，确保主要构件受力满足规范要求，并对重要节点进行局部精细化分析，确保结构安全可靠。

建议施工阶段结合BIM、三维激光扫描等先进技术智能制造，提高钢构件制造精度，保证钢结构的顺利安装，优化工程各阶段工作，提前规避设计施工风险，为工程建设提供有效保障。

（二）BIM技术的运用

CATIA是达索系统的CAD/CAE/CAM一体化集成解决方案，现已整合到3D体验平台。在建筑行业，CATIA常常被应用于复杂造型、超大体量的项目设计，其曲面建模功能及参数化能力，为设计师提供了丰富的设计手段，能够实现空间曲面造型、分析等多种设计功能，帮助设计师提高设计效率和质量。

图4.38　空间三维异形结构的建模

CATIA的优势是可以和ABAQUS等有限元软件实现数据共享，实现CAD和CAE的无缝接轨。安装好接口程序后，可以一键实现CATIA向ABAQUS的模型导入，从而可以对结构模型进行各种静力动力场的分析，判断结构的安全度。

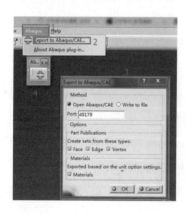

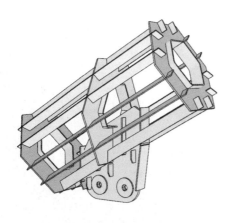

图4.39　CATIA的数据共享

　　新技术的引入必将带来行业的新变革。传统以图纸为媒介的汇报和交底工作是在施工图完成之后才由建设方和施工方对项目进行介入和了解。BIM技术引进之后，在设计阶段即可深入了解项目的进度和设计情况，在交底会和汇报会之前，相关人员对项目的情况便了然于胸，再加上BIM的可视化功能带来的三维4D漫游功能和沉浸式体验，使得汇报的沟通效率大大提高，能够对后期可能出现的问题更好地做出预判和给出解决方案。

图 4.40　漫游和沉浸式体验

利用BIM技术可以对桥梁工程的施工阶段进行优化，主要针对的是桥梁设计的复杂性。多种类、多数量的预制构件等，可以提高设计方案的可行性以及施工效率和管理水平。施工人员可以利用BIM技术将整个施工过程模拟出来，加强对施工结构、构件布置、施工程序的认知，分析其中合理与不合理的地方并进行调整，这样能够推动桥梁施工阶段的顺利进行，同时也能够保障施工质量。

图 4.41　施工流程模拟

智慧城市就是运用信息和通信技术手段，感知、分析、整合城市运行核心系统的各项关键信息，从而对民生、环保、公共安全、城市服务、工商业活动在内的各种需求做出智能响应，实现城市智慧式管理和运行，促进城市的和谐、可持续成长。BIM在其中充当的是基础平台数据层面的重要作用，通过互联网、物联网等网络层将各种应用推送到各个终端，实现智能控制、智慧管理。

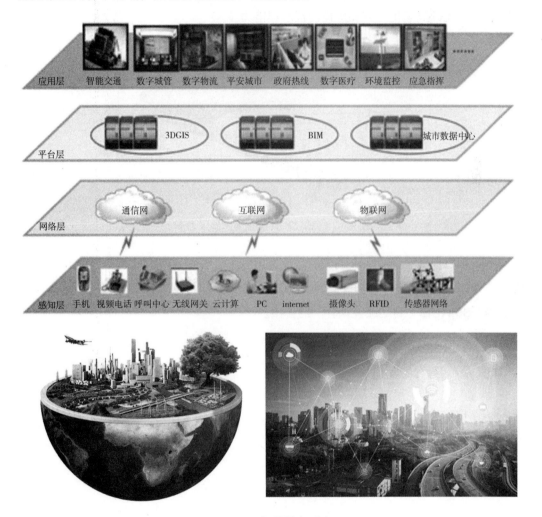

图4.42　智慧城市系统

BIM技术包含的是一个工程体系，从设计方案到施工完成的整个过程都发生了重大改变。BIM在每个阶段都必须进行产品的更新与升级，由一个线程转入下一个线程，最后以产品形式交付业主之后还会面临更多的二次开发或者其他属性的附加。BIM就像一个产品的身份证，从产品出生伊始，到寿终正寝宣告结束，伴随产品的全寿命周期，与产品不断交互、更新，跨越整个生命周期，贯穿项目始终。

（三）钢桥面铺装

该项目二号桥和三号桥的主梁均采用钢结构，钢桥面铺装是钢桥建设中的关键技术之一。钢桥面铺装不仅需要为高速行车提供安全性与舒适性，同时也需要为钢桥面板提供可靠的保护。钢桥面铺装的基本特点及其性能要求主要有优良的使用性能、优良的防锈性能、优良的黏结性能、优良的变形性能、优良的抗车辙能力、优良的抗疲劳能力、优良的抗老化能力和优良的抗水损能力。

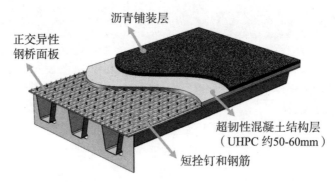

图4.43 典型的UHPC铺装分层设计图

分析钢桥面铺装环境、交通和结构支撑等条件，并结合以往工程实例与经验，经综合比选，确定该项目钢桥面铺装结构采用5 cm超高性能混凝土（UHPC）+沥青玛蹄脂碎石SMA-13（高黏改性沥青）的方案。

第五章

◀◀◀ **桥梁方案设计二**

第一节　桥梁总体方案

一、新建规划二路跨某河景观大桥设计

规划二路跨某河景观大桥地处活力区南北景观绿轴上，是串联生态娱乐与繁华商圈的纽带，也是绝佳的皮划艇赛事观赛点。巧妙利用皮划艇赛道偏北的特性，因此，在跨径布置中采用大拱小拱系列形态搭配组合。该桥梁全长 322 m，标准全宽 40 m，其中主桥跨径 165 m，桥面以上拱肋高度 30 m，拱肋与主梁均为钢结构，三道拱肋采用海洋仿生学的流线形态，拟化海浪的波澜起伏，蕴含新区"奋勇拼搏、蓄势共赢"的发展历程。在皮划艇赛道范围内增设赛事观景台，让休闲观赛的游客与主体交通分离，互不干扰。

图 5.1　规划二路大桥总体效果图

二、新建规划一路跨某河景观大桥设计

规划一路跨某河景观大桥位于城市主干道交通的聚焦点，在设计中采用造型高耸的独塔斜拉桥，塔体刚劲挺拔，寓意未来新区发展将"破势而上"，开创历史新篇章。该桥梁全长300 m，标准全宽40 m，其中桥梁主跨跨径165 m，梁体采用钢结构，斜拉塔塔高100 m，三根主塔柱顶部通过桁架连为一体，设两根背索平衡斜拉索平衡塔体产生的水平力，主跨斜拉索置于机非分隔带间，巧妙地将城市快慢交通隔离，而边跨则采用钢连续梁配以灵动的钢结构柔拱协作受力。

图5.2　规划一路大桥总体效果图

第二节　规划二路跨某河景观大桥方案设计

一、桥梁结构设计

1. 总体布置

规划二路跨某河景观大桥采用下承式系杆拱—梁协作体系，全桥跨径布置为322 m，其中20 m跨为引桥，32 m跨为协作主梁；主桥标准面宽度40 m，在皮划艇赛道范围内主桥两侧分别布置2.5 m人行步道环绕。

（1）P0～P3范围内的标准横断面布置为：2 m人行道+2.5 m非机动车道+2 m吊索区+10.75 m机动车道+5.5 m中央分隔带（拱肋区）+10.75 m=33.5 m。机动车道在此基础上再+2 m吊索区+2.5 m非机动车道+2 m人行道=40 m。

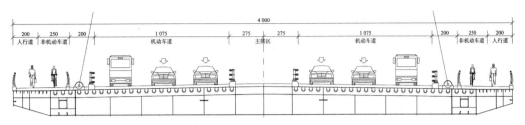

图 5.3　主跨标准断面布置图（40 m 总宽）（单位：cm）

（2）P3～P4 范围内的标准横断面布置为：2 m 人行道+2.5 m 非机动车道+10.75 m 机动车道+5.5 m 中央分隔带（拱肋吊索区）+10.75 m 机动车道+2.5 m 非机动车道+2 m 人行道=36 m。

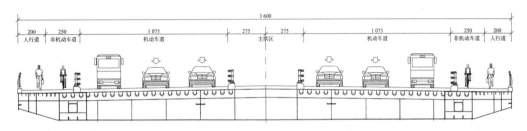

图 5.4　边跨标准断面布置图（36 m 总宽）（单位：cm）

结构受力体系。主桥为 165 m+105 m 不等跨下承式系杆拱桥，并在主桥北侧设置单跨 32 m 的协作梁来共同受力，协作梁通过 P2 号墩处大横梁进行体系转换。系杆拱采用钢拱柔梁吊横梁体系，拱肋为主承重结构，主拱产生的水平推力由系杆承受，系杆锚固于系梁内部。桥面系为纵横梁体系，由加劲梁、横梁、小纵梁和桥面板组成，均为钢结构，桥面板为正交异形板结构。荷载由桥面板传到横梁再到纵梁，由纵梁传给吊杆再传到拱肋，由拱肋传到拱脚、基础。协作梁采用整体式变截面钢箱梁结构，造型与系杆拱主梁协调统一。

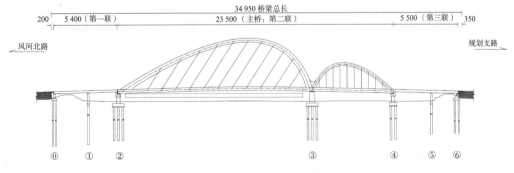

图 5.5　主桥立面布置图（单位：cm）

全桥整体线条优美、流畅，桥跨比例适当，局部细节也尽量采用平滑的线条。柔美的曲线可与周围高耸的建筑相映衬和呼应。在主桥外部设置的人行观景平台，满足了皮划艇赛事的观赏需求，且外伸的步道本身即是一景，如同翱翔的翅膀一样。

因此，该方案是集功能、景观、创意、技术于一体的桥型。

2. 主桥主拱

主桥165 m主跨内横桥布置两片外倾式异形钢拱肋，两侧对称布置单吊杆索；拱肋在P2号墩布置在主梁两侧，逐渐向中间靠拢，最终在P3号墩处两片拱肋在中央分隔带结合为拱脚。

主桥105 m次跨内采用单片拱肋，并布置在中央分隔带，为保持拱肋的稳定，设置双吊杆索，吊索间距3 m。

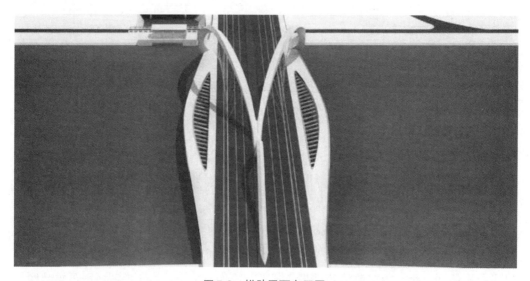

图5.6 拱肋平面布置图

主跨拱轴线采用偏态二次抛物线，主跨计算跨径为160 m，矢高30 m，矢跨比1∶5.33。拱肋采用标准矩形钢箱型截面，拱肋高度3.5～5.5 m，单片拱肋宽度为2 m。拱肋标准段顶底板和腹板厚度均为25 mm，拱肋加厚段及拱脚、拱梁结合段拱肋顶底板和腹板厚度均为30 mm；拱肋内部设置纵向加劲肋和横隔板，纵向加劲肋高180 mm，厚16 mm。

次跨拱轴线采用二次抛物线，主跨计算跨径为100 m，矢高20 m，矢跨比1∶5。拱肋采用标准矩形钢箱型截面，拱肋高度3 m，拱肋宽度为5 m。拱肋标准段顶底板和腹板厚度均为25 mm，拱肋加厚段及拱脚、拱梁结合段拱肋顶底板和腹板厚度均为30 mm；拱肋内部设置纵向加劲肋和横隔板，纵向加劲肋高180 mm，厚16 mm。

拱肋横隔板有三种，第一种为吊杆横隔板，铅垂方向布置，横隔板厚度为20 mm，与吊杆布置位置相同；第二种为全高横隔板，沿拱轴线法平面方向布置，横隔板厚度为16 mm；第三种为半高横隔板，沿拱轴线法平面方向布置，横隔板厚度为16 mm。

3. 主桥桥面系

1）系杆拱

钢桥面具有自重较轻、抗剪性能好、耐久性能好、结构新颖、外形简洁、美观、施工方便等优点，本次可作为推荐方案，桥面为纵横梁体系，由系梁、横梁、小纵梁和桥面板组成，均为钢结构，桥面板为正交异性板结构。

系梁采用箱型截面，顶底板厚20 mm，腹板厚16 mm，均采用一字加劲肋，肋厚12 mm，肋高140 mm；系梁内横隔板每隔2.5 m设置一道，一般横隔板厚16 mm，在端横梁及吊点处横隔板加厚至20 mm。

主桥共设置多道小纵梁，小纵梁采用倒"T"形截面，腹板高1 000 mm，厚12 mm，底板宽380 mm，厚16 mm；小纵梁遇中横梁腹板断开，并与之焊接，止于端横梁腹板。

本桥采用正交异性钢桥面板，车行道桥面顶板厚16 mm，采用"U"形闭口肋加劲，顶板U肋厚8 mm，高280 mm、标准间距600 mm；人行道及非机动车道桥面顶板厚16 mm，采用一字加劲肋，肋厚12 mm，肋高140 mm，间距450 mm。

2）协作主梁

采用整体钢箱梁断面，箱梁总宽40 m，为单箱多室截面，节段标准长度8 m。钢箱梁顶板厚16 mm，斜腹板厚20 mm，中腹板厚12 mm，底板厚16 mm，钢箱梁顶、底板采用U肋闭合加劲，顶板C肋厚度8 mm、底板U肋厚度8 mm。桥面顶板为正交异性板。钢箱梁每隔2 m设置一道空腹式横隔板，每隔4 m设置一道实腹式横隔板，横隔板主要提供横桥向刚度，减小畸变变形，同时为正交异性桥面板提供支撑。

4. 主桥吊杆

系杆拱桥中吊杆成品索主要有以下两种。

（1）平行钢丝吊索。采用高强度平行钢丝作为索体承重材料。平行钢丝斜吊索体系是热挤高密度聚乙烯高强钢丝吊索与冷铸墩头锚的组合体系。其可以进行工厂预制，产品以锚具和索体结合成一体的成品索出厂。索体可以进行整体张拉，张拉吨位明确，索力均匀，调索较为方便。

（2）钢绞线吊索。采用高强度钢绞线作为索体承重材料。索体由多股PE防护热镀锌或者环氧涂覆钢绞线组成，两端由夹片式锚具夹持。其能够保证斜吊索可单根穿索、单根张拉。

根据已建成拱桥经验，平行钢丝吊索使用率较高、使用时间较长，性能得到了很多工程的实际检验。因此，本方案吊索选用平行钢丝吊索体系。

5. 主桥系杆

本桥采用柔性系杆。系杆推荐选用全防腐型、可调、可换索式系杆，镀锌钢绞线成品索体，锚具采用全防腐型、可换、可调系杆锚具，系杆两端锚固于系梁支点横隔板处。

6. 主桥拱梁结合节点

本桥两端拱肋与主梁结合段以及三拱结合段均采用整体节点板设计，构造复杂，整体节点板既可作为拱肋腹板又可作为系梁腹板，其通过系梁横隔板、拱肋横隔板以及端横梁将拱肋与主梁形成牢固的共同受力结构，整体节点板厚35 mm。

P4号处端横梁宽3.2 m，两端与系梁横隔板焊接，端横梁顶、底板厚为20 mm，采用板肋加劲；腹板板厚为20 mm；端横梁采用实腹式横隔板，板厚16 mm；系杆两端锚固于支点横隔板，板厚30 mm。

拱梁结合段挑臂与中横梁设置与标准段一致。

7. 下部结构及基础

（1）主墩。主墩采用钢筋混凝土实体式桥墩，墩身截面采用矩形断面，承台厚4.0 m，承台下采用直径1.5 m钻孔灌注桩。

主墩桩基按摩擦桩设计，桩基可采用第8层中风化岩层作为持力层。

（2）边墩。边墩采用双柱式桥墩，墩柱采用V型造型，墩顶设置系梁，均采用钢筋混凝土结构。

边墩桩基按摩擦桩设计，桩基可采用第8层中风化岩层作为持力层。

8. 人行景观平台设计

为满足皮划艇赛事的观赛要求，在主桥两侧均设置3.5 m宽的观赛平台。平台主梁结构采用钢结构锚固在主桥钢箱梁上。

二、桥梁施工方案

本段桥梁无航道要求，可采用先梁后拱的施工方案：主梁采用全预制拼装，仅设置少量临时支墩，减少对水流的影响。

1）主墩基础与承台施工

该桥主墩基础位于河道内，水不深，可采用部分围堰施工。钻孔桩采用桩架进行钻孔施工。承台采用局部开挖钢板桩支护施工法，这种方法在技术上是可行的，有很成熟的实践经验，主要施工顺序有如下几个方面。

（1）在河中搭设栈桥，施工围堰。

（2）抽水至施工许可水位。

（3）钻孔桩施工。

（4）搭设承台模板。

（5）承台钢筋绑扎，并浇筑混凝土。

（6）承台施工完毕后，拆除围堰。

整个主墩基础施工需4～6个月。

2）上部结构施工

（1）在河中搭设临时支墩及支架（采用少支架体系）。

（2）在工厂预制钢结构主梁和拱肋节段。

（3）拼装钢结构主梁。

（4）安装系杆。

（5）在主梁上搭设支架。

（6）拼装钢结构拱肋。

（7）拆除拱肋支架。

（8）安装吊索并初次张拉。

（9）调整吊索力和系杆索力。

（10）拆除主梁支架。

上部结构施工工期为10～12个月。

3）附属结构施工

（1）安装装饰构件。

（2）施工桥面铺装，做防水层，安装车行道防撞护栏和人行道栏杆。

（3）调整吊索力和系杆索力至成桥索力。

（4）成桥试验检测，竣工通车。

该方案施工总工期为18～22个月。

第三节　规划一路跨某河景观大桥方案设计

一、桥梁结构设计

1.总体布置

主桥采用斜拉–拱桥协作体系，跨径布置为300 m。其中，斜拉桥部分采用独塔双索面结构，主跨侧斜拉索采用扇形式布置，为增加边跨侧的通透性，边跨侧采用两根大直径斜拉索来平衡水平力；拱桥部分采用下承式系杆拱，与斜拉桥间在P3号墩处采用大横梁进行体系转化后协作受力。

2.横断面布置

（1）P0～P3范围内的标准横断面布置为：2 m人行道+2.5 m非机动车道+2 m拉索区+10.75 m机动车道+5.5 m中央分隔带+10.75 m机动车道+2 m拉索区+2.5 m非机动车道+2 m人行道=40 m。

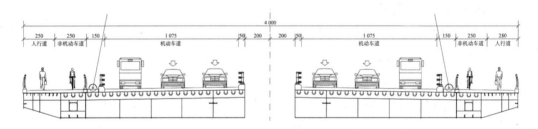

图5.7　主跨标准断面布置图（40 m总宽）（单位：cm）

（2）P3～P4范围内的标准横断面布置为：2 m人行道+2.5 m非机动车道+10.75 m机动车道+5.5 m中央分隔带（拱肋吊索区）+10.75 m机动车道+2.5 m非机动车道+2 m人行道=36 m。

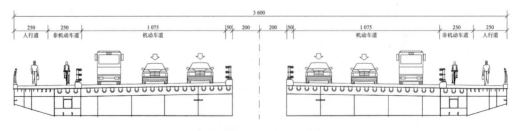

图5.8　边跨标准断面布置图（36 m总宽）（单位：cm）

结构受力体系：① 主桥主跨为 165 m 独塔斜拉桥，采用塔梁墩固结体系，主塔采用三根空间塔柱通过横向连接形成整体桁架主塔结构，其中3号墩处的塔柱与主梁分离，以减小温度产生的效应，主梁采用纵横梁体系。本次为优化斜拉桥和梁桥受力，斜拉桥主梁与边跨主梁在 P2 墩处连续组合为协作体系，协作梁采用纵横梁体系的钢箱梁结构，造型与斜拉桥主梁协调统一。② 边跨采用下承式系杆拱，推荐采用钢拱柔梁吊横梁体系，拱肋为主承重结构，主拱产生的水平推力由系杆承受，系杆锚固于系梁内部。桥面系为纵横梁体系，由加劲梁、横梁、小纵梁和桥面板组成，均为钢结构，桥面板为正交异形板结构。荷载由桥面板传到横梁再到纵梁，由纵梁传给吊杆再传到拱肋，由拱肋传到拱脚、基础。

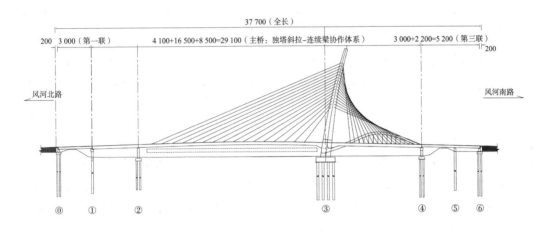

图 5.9　主桥立面布置图（单位：cm）

该方案在空间层次上与周边高层建筑群相呼应，在体量上可以担当三河交汇处的景观地标，斜拉桥的力线明快、简洁流畅，加上系杆拱的刚柔并济，能够彰显时尚开放的区域气息。

3. 主梁

1）主梁材质比选

独塔斜拉桥中主梁根据材料的不同，主要可以分为以下三种。

（1）混凝土梁。采用混凝土材料作为主梁材质，由于混凝土主梁自重较大，拉索、主塔和基础工程规模将成倍增加，拉索塔上锚固构造较为复杂。

（2）钢箱梁。采用钢材作为主梁材质，钢材具有轻质高强的特点，能降低拉索、主塔及下部结构的造价，但纯钢结构桥梁总造价一般较高，而且养护面积较大，后期维护费用较高。

（3）钢—混凝土混合梁。利用独塔斜拉桥较多为两跨不对称的特点，采用钢—混凝土混合梁作为主梁形式。一般主跨部分为钢梁，主梁剩余部分为混凝土梁，通过材料比重和性能不同，塑造对称合理的结构。

综合考虑本桥的建设条件、桥型方案、施工方法、景观要求等因素，主梁推荐采钢箱梁。

2）主梁断面比选

主梁考虑分离式和整体式两种横断面型式。

（1）分离式横断面。两片箱梁左右平行布置，每隔一定距离设置一道横梁联系。分离式断面主梁通过双主梁的构造设置，能够有效将桥面荷载传递给拉索，而且可以采用箱梁架设就位后再焊接钢横梁，运输、吊装方便。

（2）整体式横断面。除中央分隔带塔梁相交处开孔供主塔穿过外，其余地方均为整体式断面，顶底板相连。整体式横断面刚度较大。

（3）方案比选。从景观角度分析，分离式横断面和整体式横断面相比更显轻盈，光影效果更佳。从造价角度分析，分离式横断面较整体式横断面也更加经济。经综合比较，该方案推荐采用分离式的钢箱梁断面。

3）主梁设计

主梁采用钢箱梁，纵横梁体系。主梁全宽 36~40 m，道路中心线处梁高 2.5 m，顶板设 2% 横坡，底板水平；钢箱梁内设纵腹板，形成单箱多室断面。考虑构造及施工架设等因素，主梁标准节段长度 6 m，钢箱主梁采用 Q345qD 钢材，钢箱梁为栓焊组合钢结构，梁段工地连接部分采用螺栓连接方式。

顶板为正交异性桥面板，根据各区段受力情况，顶板钢板一般区段为 16 mm 厚度，在钢混结合段附近，局部加厚至 25 mm。

为提高桥面板刚度和抗疲劳性能，减少桥面铺装病害的发生，以更好地应对重交通所带来的不利因素，顶板采用比较强大的U形加劲肋：板厚 8 mm，上口宽 300 mm，下口宽 180 mm，高 300 mm，间距 600 mm。

底板包括水平底板和斜底板，根据各区段受力情况，水平底板钢板一般区段采用 16 mm 厚度，在钢混结合段加强至 25 mm。斜底板采用 16 mm 板厚。底板U形加劲肋：厚 6 mm，上口宽 200 mm，下口宽 300 mm，高 210 mm，间距 660 mm。腹板为整体实腹板，一般腹板厚度 20 mm，拉索对应直腹板厚度为 28 mm，腹板上设置竖向钢板加劲，水平加劲采用L形肋。

横隔板标准间距 2.5 m，一般横隔板腹板厚度 12 mm，拉索处横隔板厚度 16 mm。

4. 斜拉桥主塔

主塔采用三根空间塔柱通过横向连接形成整体桁架主塔结构，塔高 100 m，其中

3号墩处的塔柱与主梁分离，以减小温度产生的效应。

由于采用倾斜桥塔设计，故倾斜角度较大。常规混凝土倾斜状独塔主要采用搭设支架施工，较为不便。而钢箱梁桥塔则可以通过吊装、转体等多种方案施工，且加工较为方便，可以做出不同造型，因此采用钢结构桥塔。

单个塔柱采用钢箱梁断面，为变截面矩形断面，尺寸为 $2\,m \times 2\,m \sim 5.5\,m \times 5.5\,m$，截面由顶底板、腹板组成。主塔钢箱梁顶底板厚40 mm，腹板厚32 mm。顶底板和腹板中均设置板肋，提高受压板件的局部稳定性。主塔中每隔2.5 m距离设置一道横隔板，横隔板厚度为12 mm。

5. 系杆拱拱肋

主桥60 m次跨内采用单片拱肋，并布置在中央分隔带，为保持拱肋的稳定，设置双吊杆索，吊索间距3 m。

次跨拱轴线采用偏态二次抛物线，主跨计算跨径为55 m，矢高10 m，矢跨比1/5.5。拱肋采用标准矩形钢箱型截面，拱肋高度为2.5 m，拱肋宽度为5 m。拱肋标准段顶底板和腹板厚度均为25 mm，拱肋加厚段及拱脚拱梁结合段拱肋顶底板和腹板厚度均为30 mm；拱肋内部设置纵向加劲肋和横隔板，纵向加劲肋高180 mm，厚16 mm。

拱肋横隔板有三种，第一种为吊杆横隔板，沿垂直方向布置，横隔板厚度为20 mm，与吊杆布置位置相同；第二种为全高横隔板，沿拱轴线法平面方向布置，横隔板厚度为16 mm；第三种为半高横隔板，沿拱轴线法平面方向布置，横隔板厚度为16 mm。

6. 斜拉桥拉索

斜拉索为平行索面布置。全桥布置19对斜拉索，拉索下端锚固于梁底，以方便维护；梁上拉索水平间距8 m，塔上拉索竖直间距2.2 m；选用冷铸吊杆锚具，索体标准采用平行钢丝，准强度1 670 MPa。

7. 拱桥吊索

该方案采用了双吊索结构，吊索间距4 m。根据已建成拱桥的经验，平行钢丝吊索使用率较高、使用时间较长，性能得到了很多工程的实际检验。因此，该方案吊索选用平行钢丝吊索体系。

8. 拱桥系杆

本桥采用柔性系杆。系杆推荐选用全防腐型可调可换索式系杆，镀锌钢绞线成品索体，规格为15～17，标准强度为1 860 MPa，锚具采用全防腐型可换可调系杆锚具，系杆两端锚固于系梁支点横隔板处。

9. 主桥基础及边墩设计

1）主塔基础设计

主塔采用分离式承台，承台为钢筋混凝土结构，厚度4.0 m，承台顶标高-0.8 m。单个承台平面尺寸为13.75 m×14.5 m。承台采用C40混凝土。

2）边墩设计

边墩采用分离式桥墩，风格与引桥桥墩一致，边墩截面尺寸为2.0 m×1.8 m，墩身采用C40混凝土。

二、桥梁施工方案

该段桥梁无航道要求，该桥上部结构为全钢结构，可采用全预制拼装施工方案，仅设置少量临时支墩，以减少对水流的影响。主塔结构复杂，可采用分节段吊装的施工方案。

1）施工准备

（1）测量工作、场地平整、两岸生产、生活区建设。

（2）钢栈桥从两岸同时向河中推进，施工时间约1个月。

以上各项工作可以同时进行。共计工期约1个月。

2）下部结构施工

（1）钻孔桩施工（主墩、边墩、桥台桩基同时施工），同时进行钻孔施工，施工时间约2个月。

（2）承台施工。时间约1个月。

（3）边墩、桥台施工。承台施工完成后，在承台上设支架、立模板、浇筑墩身，安排工期约1个月。

（4）主塔下塔柱施工。主塔承台施工完成后，在承台上搭设支架施工下塔柱，安排工期1个月。

边墩和主塔下塔柱可同时施工，下部结构施工总计6个月。

3）上部结构施工

（1）钢结构工厂制作。在施工准备结束后，施工单位进行全桥钢结构制作的招标，按照国家规范要求和该工程的技术要求寻找技术能力较强的钢结构加工厂家。全桥钢结构在满足运输条件的情况下尽可能在工厂制作，避免大量的现场焊接工作量。

全桥钢结构制作与场地现场施工不冲突，安排工期5个月。

（2）主塔及拱肋拼装。主塔、拱肋钢结构段经厂家制作完成后，运输现场采用汽车吊装设至现场，进行现场焊接拼装。

（3）斜拉索、吊索安装及张拉。主梁主塔、拱肋架设完成后，利用吊装设备吊装斜拉索、吊索并安装就位。安装完成后张拉斜拉索及吊索至指定索力值。

斜拉索、吊索安装及张拉安排工期2个月。

（4）全桥附属工程施工。斜拉索、吊索张拉完成后，进行施工桥面铺装、防撞护栏等附属工程，安排工期2个月。

（5）索力检测和补张拉。附属工程施工结束后，按照要求检测索张拉力值，依据检测结果进行拉索补张拉至指定值。

索力检测和补张拉安排工期1个月。

4）竣工通车。

综上所述，建议该桥安排桥梁施工总工期为20~22个月。

第四节 桥梁附属设计

1. 桥面铺装

钢箱梁铺装层要求较高，采用80 mm浇筑式沥青。

混凝土梁桥面铺装总厚170 mm，其中混凝土找平层80 mm，4 cm厚SMA-13（SBS）改性沥青玛蹄脂碎石混合料+改性乳化沥青黏结层以及6 cm厚AC-20C（SBS）中粒式改性沥青混合料；二层铺装之间设2 mm防水黏结体系铺装层。

2. 栏杆

主桥检修道栏杆设计原则是在满足行人通行安全的前提下，做到外形简洁、美观，与大桥总体造型相协调，采用不锈钢轻型栏杆。

3. 防撞护栏

防撞护栏按《公路交通安全设施设计细则》（JTG/TD 81—2017），该桥防撞栏杆的防撞等级取为SB级。防撞护栏断面形式采用墙式，并在墙顶设钢管扶手以突出护栏线形并适当增加防护高度。防撞护栏内侧按规范设计，墙内预留监控、照明灯线路所需的管道。

4. 支座

支座需承受竖向荷载、水平荷载，满足梁体因活载、温度、混凝土收缩及徐变、制动等产生的伸长、缩短和转角等变形要求，即支座应有较好的相对运动的接触面。为满足结构的耐久性，宜选用使用寿命长、耐腐蚀、养护工作量少、便于更换的支座。

主桥采用抗震型球型钢支座，引桥采用盆式橡胶支座，有固定支座、活动支座两种类型。

5. 伸缩缝

在相应部位，根据伸缩量设置 320 型伸缩缝或 240 型伸缩缝，伸缩缝应具有防水、防震、防腐功效。

6. 桥面排水

（1）主桥排水。在主桥纵桥向，在两侧机动车道外侧的防撞墙位置，每隔约 10 m 设置泄水孔。在泄水孔附近的桥面下纵向布置排水管（穿过钢横梁），将泄水孔汇集的雨水集中至排水管。排水引至岸上后，将雨水汇集至岸上的排水设施。

（2）引桥排水。桥面下方桥墩处均须设置雨水口，雨水经雨水口收集后，再由立管接入市政雨水窨井。

7. 台后搭板

车行道范围内设置 $L=8$ m 的钢筋混凝土搭板。

第五节 桥梁景观照明设计

一、设计原则

（1）道路照明设计必须满足道路正常交通运行和安全，减少夜间事故发生率。为了减少或消除驾驶员因路面照明光线的明暗变化引起视觉上的不舒适感，路面照度还必须满足一定的均匀度。

（2）道路照明灯具的选定须与周边环境协调，以达到白天观景、晚上赏灯、照明设计一路一景的美化亮化效果。

二、桥梁景观照明设计

1. 光源

功能照明：光源一般有两种：高压钠灯和金属卤化物灯，高压钠灯具有发光效能高、寿命长、透雾性能好、工作特性好等特点，被广泛用于道路照明；金属卤化物灯的显色性优于高压钠灯，而寿命相对比较低，因此经过比较，在该工程中采用高压钠灯。

为满足抗腐蚀要求，选用高压铸铝外壳、内外丙烯酸涂层、安装方便灵活的灯具。灯具内配置补偿电容，使单灯功率因素大于、等于0.85，并配有活性炭呼吸器，降低反射器污染。灯具防护等级选用IP55或IP65，在不同应用场所对灯具眩光加以控制。高压钠灯的光效较高可达110流明/瓦，显色性一般Ra=25～40，灯源寿命大于20 000小时，透雾能力强，一般作为道路主照明使用。

2. 光的控制

功能照明灯具选用半截光型一体化灯具，景观照明灯具采用低功率LED光源，严格控制眩光，眩光不仅包括直接照射的眩光，还包括视野内亮度极高的物体或强烈的亮度对比而引起不舒适或视觉降低的现象。在道路和桥梁照明中眩光是评价道路照明质量的一个重要指标。灯具设计处理不当或投光功率过大都会产生眩光。景观泛光照明的过量溢光所引起的眩光，严重影响过往司机的行车及行人的通行，是不被允许的。

3. 桥梁夜景照明

桥梁改变着我们的空间感，营造出一种休闲静谧的氛围。加上灯光效果，更可以营造出夜晚迷人的空间，通过灯光赋予一种动感照明效果，从视觉上达到一定的进深感、体积感和浑然一体感。

图5.10　典范桥梁夜景图一

图5.11　典范桥梁夜景图二

图5.12　典范桥梁夜景图三

　　照明系统灵活运用色彩，通过不同的季节、不同的光的退韵，去变换桥的色彩，不时给人们带来惊喜，不时带来新的感受。通过色彩去调节人们的心情，让生命融入桥梁这个充满活力的建筑。同时，在灯光设计时注重颜色的搭配与和谐，以还原和提升桥梁内涵为主。

　　在该项目中，某河在黄岛新区建设中的定位为景观核心，滨海大道、规划二路、规划一路桥梁分列某河上、中、下游，在夜间更需要与周边亲水绿带和景观建筑的灯光相融合。桥梁本身的灯光通过灵活变换的色彩，让夜晚的某河也充满活力，向两岸的人们展现其与白天不同的独特魅力，形成某河景观核心片区日夜不同循环往复的独特风景线。

同时，由于三座桥梁景观定位不同，桥梁形式与桥梁风格也有所差异，景观照明效果在总体上相辅相成，构成某河景观照明特色的同时也需要有其单独特色。

图5.13　滨海大道夜景图一

滨海大道桥梁作为门户景观，夜晚灯光照明需更为恢宏，照明色调采用冷色调，通过灯光效果进一步勾勒其结构线条美，尽显磅礴大气。

图5.14　规划二路桥方案夜景图

规划二路桥作为某河景观核心地标，则采用更有活力、颜色搭配更为丰富的景观照明，使中心区休闲人群与游客感受黄岛蓬勃发展的活力。

规划一路桥梁则通过更为传统中式的灯光照明效果，给人带来平静、舒适、淡雅的心情，结合规划一路桥梁的豫风楚韵建筑装饰，使往来人群深深沉浸在青岛深厚的历史底蕴中，对青岛、黄岛更有归属感、自豪感。

图5.15　规划一路桥方案夜景图二

4. 灯具控制

路灯控制方式。分人工、光电和PLC三种控制方式，控制设备安装在路灯箱内。

5. 保安措施

低压配电系统的接地形式采用TN-S制。箱式变电站内变压器中性点、电气设备金属外壳、电缆金属外皮、全线路灯均应可靠接地，接地电阻小于4欧姆。

地面道路利用路灯本体灯杆作为防雷接闪器及引下线，利用灯杆基础内主钢筋作为接地极，金属灯杆、穿线钢管、PE线与路灯内主钢筋可靠连接，接地电阻不大于4欧姆。

6. 节能

该工程采用PLC智能照明调控装置，该装置具有控制、稳压、软起动、降压运行等多种功能。当夜深车流量少时，采用降压运行方式，照度可定时降低，达到明显的节能效果。其具体做法为：晚上11点以前采用稳压模式，晚上11点以后至早上关灯时段采用节电模式。

第六章

<<< 桥梁方案设计三

第一节　方案概念设计

在前述目标定位和总体理念的统筹下，该设计方案紧扣"海洋文化"这一核心理念，以"自然环境特色与城市空间布局协调"的建设要求为引领方针，以"建设宜居之城、创新之城、活力之城"的发展目标为指导，着力构筑具备"开放、现代、活力、时尚"城市气质的特色地标，致力于打造能服从与契合规划要求、能融入与塑造滨海景观、能建构与拓展城市空间、能改善与提升大众体验的高品质特色桥梁建筑群。

图6.1　桥梁群整体鸟瞰图

西海岸新区是山东半岛进一步提高开放程度、增强经济活力的标志性区域，推进新区建设，在国家发展海洋经济、建设海洋强国中具有重要战略地位。海洋活力区是青岛市对话整个世界的重要窗口地区，因此，桥梁群应打造城市地标，体现新区形象，引领时代潮流。

大桥的设计紧扣"海洋""活力"这两个核心关键词。

未来，活力区将立足本土、依托海洋，不断超越发展，在坚持陆海统筹、建设海洋强国的奋勇潮流中建成充满活力的蓝色核心。桥梁群对多种海洋元素进行汇合与协调，在抽象的语境中对人们的海洋记忆与新区印象进行聚合与重构。

同时，静态的桥梁充满动感的活力，滨海大道桥梁有着波浪起伏的动感，规划二路桥有着乘风破浪的动感，规划一路桥有着展翅腾飞的动感。新区活力通过桥梁这一载体在某河之上得到彰显。

图6.2　滨海大道桥梁效果图

图6.3　规划二路桥梁效果图

图6.4　规划一路桥梁效果图

　　天蓝海碧，鱼跃鸥鸣，一幅繁荣壮阔的崭新图景在青岛海洋活力区这片热土上徐徐展开。滨海水岸与某河绿廊在这里交汇，自然生态与智慧文明在这里融合，活力区犹如一枚镶嵌于海岸线上的明珠，必将从这里散发光芒，惊艳世界。

　　坐落于滨海大道、规划二路、规划一路的三座桥梁分别以"醒海之浪""耀海之珠""兴海之翼"的概念形态，和谐融洽地演绎了一部人与海洋的协奏曲。

一、"醒海之浪"——滨海大道桥梁（景观提升）

图6.5　滨海大道桥梁效果图

　　滨海大道桥梁横卧某河入海口，地处某河绿廊与滨海景观带的交汇点，既是西承陆域、东眺汪洋的景观节点，又是内悦居民、外迎宾客的片区门户，还是融入河岸、延伸海滨的空间纽带，其景观、功能、空间的复合提升对新区的展示面起到重要的优化作用。

在形态塑造方面，该方案采用了"波浪"的元素进行演绎。微风拂面，海波起伏，这安宁又惬意的图景正是海洋活力区与自然相互交融、相互协调的写照。

在景观视点方面，起伏有致的波浪造型与海浪潮汐相互交融，消隐了海洋与陆地的边界，将南北水岸自然贯通，与滨海景观带、北岸绿地浑然连为一体。由于桥梁落址于某河入海口处，海岸轮廓总体较为扁平且现状桥梁运营良好，不需要在结构上进行重大改扩建，因此，选择一个总体平坦的造型，在塑造变化的同时避免了对海洋景观的中断或遮挡，让开阔连贯的海平面在更多的视点得到呈现。

图6.6　舒展造型融入滨水岸线

在空间功能方面，西侧的三弧曲线辅以桥面绿植，以一个曲径通幽式的有趣亲水空间承载起慢行功能；东侧拓宽的桥面形成了开阔的平台，一个滨海公共空间也随之铺展而开——平台的上挑让空间竖向分层拓展：于上层步道登高望海，胸有浩然之气；于下层展厅博古览今，更知天高海阔。

二、"耀海之珠"——规划二路桥梁（新建）

图6.7　规划二路桥梁效果图

在形态塑造方面，索塔顶部造型来自"珍珠"的概念，镂空的纹理营造出一种动感，又状似经纬线，表达出海洋活力区的全球视野。桥塔饱满舒展的曲线脱胎于贝壳与风帆，彰显着海洋基因和新区特色。具象与抽象汇聚，圆润与挺拔交融，在开放的语境中对人们的海洋记忆与新区印象进行聚合与重构。

图6.8　塔顶明珠效果图

在景观视点方面，规划二路桥屹立于海洋活力区的南北轴线与某河廊道的交汇点，处于活力区的几何中心，聚焦多方视线，必然成为地标。高耸的塔身提供了更丰富的展示视角、更有弹性的展示范围，也成为活力区天际线的重要节点，将南岸摩天建筑群与北岸扁平的绿地公园进行了自然衔接与过渡。

图6.9　规划二路桥梁位于轴线交点、片区中心

图6.10　规划二路桥梁鸟瞰图

　　在空间功能方面，弧形分离式慢行道让桥梁和谐地融入滨河空间脉络，人们乐于在这个空间中漫步、交流、运动和休闲。塔底延展为一座离岛，游憩、亲水、观赛等功能被植入其中，城市魅力在这里得到彰显。在这里，桥梁、水系、绿地的边界已经消隐，它们相互融合，为人们带去惬意与舒适；而塔顶的璀璨明珠则化为一个别致的城市景窗，据此绝佳视角，可览齐鲁之青，眺黄海之阔。

图6.11　分离式慢行道

三、"兴海之翼"——规划一路桥梁（新建）

图 6.12 规划一路桥梁效果图

活力区的建设以"海洋经济合作平台"为主题，聚合全球要素，在科技、信息、商贸、金融等领域多点发力，构筑生态智慧型城市地标性区域。复兴、振兴、新兴，正是这片古老又年轻的土地的兴盛写照。

在形态塑造上，该方案以"鲲鹏"为概念进行演绎。鲲与鹏，鱼与鸟，既是"鲲鹏展翼、大展宏途"的宏伟愿景，又是"海阔凭鱼跃，天高任鸟飞"的博大胸怀。该方案造型整体曲线宛如巨鲲跃出水面的伟岸身姿，其纹理也由鲸鱼的腹部演变而来，两边拱肋在中跨拱顶处向两侧伸展，犹如大鹏扬起的两翼，充满腾跃的张力。

图 6.13 规划一路桥梁效果图

在景观视点方而，规划一路桥梁位于海洋活力区西侧、某河河道展宽与转弯位置，毗邻居住地块。这一方面有丰富的展示角度，立体的造型在各个角度都能提供流畅、舒适的视觉体验；另一方面，其适宜的建筑高度也能够避免遮挡新区景观，使得片区景致错落有致、层次丰满。此处，更有皮划艇赛道的起点，其对称、开阔的造型为水上运动提供了一种庄重的氛围，也为观赛民众提供了良好的视野。

图6.14　海口视野桥梁夜景效果图

图6.15　规划一路桥梁处于河道转弯处

图6.16 规划一路桥梁路面视角

图6.17 某河桥梁群方案鸟瞰图

第二节 桥梁工程

一、滨海大道桥梁（景观提升）结构设计

1.总体布置

其拓建部分全长、跨径布置与现状桥梁一致。其西侧波浪形拓建部分宽度为

4～12 m，东侧拓建部分等宽段宽度 8 m，平台伸出长度 94 m。拓建部分梁高与现状桥梁一致，约 2 m，以完全遮挡既有结构为宜。

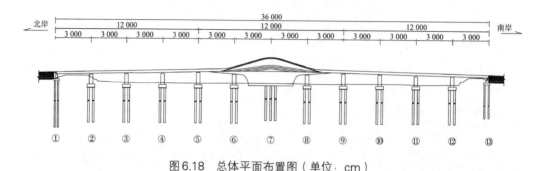

图6.18　总体平面布置图（单位：cm）

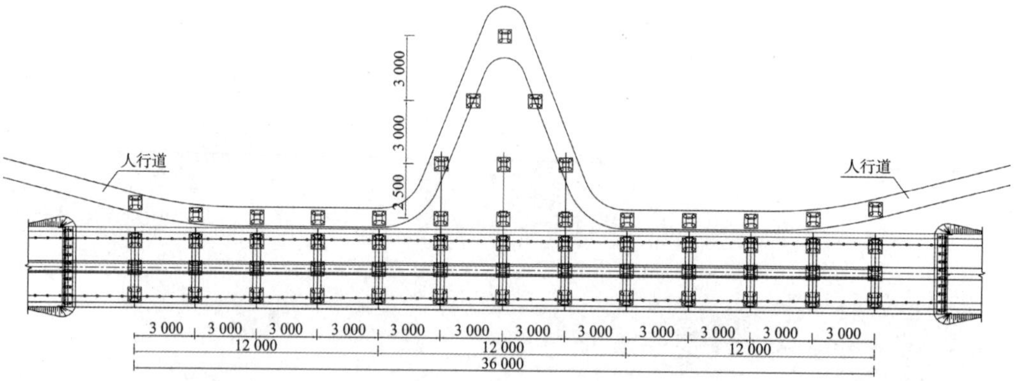

图6.19　总体平面布置图（单位：cm）

2.结构形式

拓建景观提升部分采用钢箱连续梁结构，平台段采用钢结构箱形主梁+工字形纵横梁结构，上层采用轻型钢框架结构实现两层分离，下层观景平台围护结构采用点支式幕墙结构。

二、规划二路桥梁（新建）结构设计

1.总体布置

规划二路主桥采用漂浮体系独塔不对称斜拉桥，桥塔处设置顺桥向支座。塔高140 m，跨径布置为200 m+130 m，主跨侧梁上索距为10 m，边跨侧梁上索距为8 m。桥下净空满足皮划艇训练和比赛的需求。

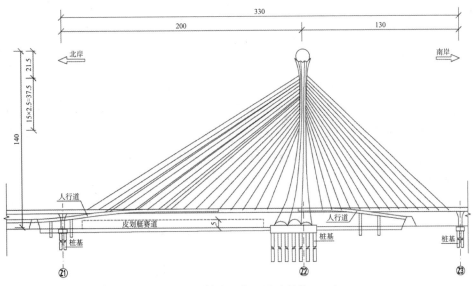

图6.20　总体立面布置图（单位：m）

桥面宽度组成为：2.5 m（人行道）+1.5 m（拉索区）+2.5 m（非机动车道）+0.5 m（防撞栏杆）+［3.5 m+3.5 m+3.75 m］（机动车道）+0.5 m（中央分隔带）+［3.5 m+3.5 m+3.75 m］（机动车道）+0.5 m（防撞栏杆）+2.5 m（非机动车道）+1.5 m（拉索区）+2.5 m（人行道）=36.0 m。

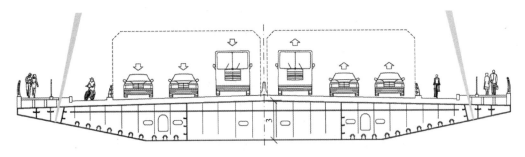

图6.21　主梁标准断面布置图

2. 主梁

主梁采用箱型结构断面钢—混凝土叠合梁，全桥等高布置，梁高3.0 m。钢结构部分采用分离式两箱，其上浇筑混凝土桥面板，两者之间采用剪力钉可靠连接。桥面板标准厚度为25 cm，与钢梁结合处加厚至40 cm，根据总体与局部受力情况施加预应力。

主梁底板在两侧倾斜，总体形成扁平箱形断面，在取得较好景观效果的同时，可以获得良好的抗风稳定性。箱形钢梁内侧腹板为竖直，外侧腹板向内倾斜，便于斜拉索梁上锚箱的布置。两侧箱型主梁之间采用工字形断面横梁连接，横梁间距布置与梁上索距统一考虑。

3. 主塔

主塔高度为 140 m，其中桥面以上高度为 118 m；主塔采用混合型结构：桥面以下部分采用混凝土结构，桥面以上部分经钢—混凝土结合段过渡到封闭箱形钢结构断面。通过采用钢—混凝土混合结构桥塔，可以在减轻自身重量、提高抗震性能的同时，获得更好的抗弯承载力，以保证弧线形塔身布置的优美景观效果与可靠受力性能的平衡，还能获得更为优越的全寿命周期层面的经济性。

4. 斜拉索及锚固系统

斜拉索拟采用平行钢丝成品索。考虑到本地区台风的设计条件，设置减震装置。

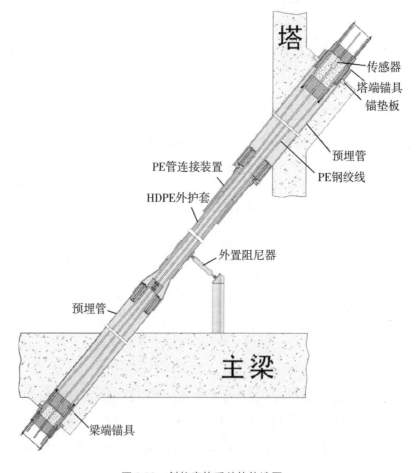

图 6.22　斜拉索体系总体构造图

图 6.23　斜拉索减震系统示例

5. 桥墩

主桥边墩采用异形断面花瓶，整体轮廓与主塔造型一致。桥墩立面混凝土刻槽装饰，增加桥墩层次感，达到景观上的和谐统一。

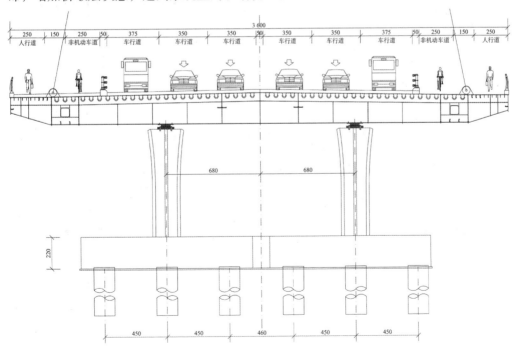

图 6.24　主桥边墩处断面（单位：cm）

6. 控制性静力计算

为验证方案的可行性,对方案主桥进行控制性整体静力计算。

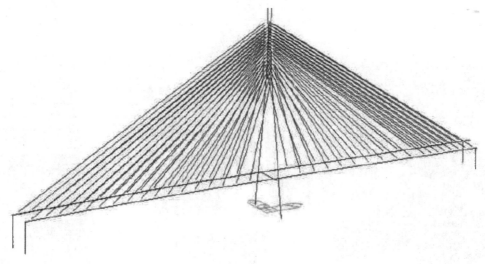

图6.25　MIDAS杆系计算模型

1)整体变形

主桥索塔成桥状态塔顶位移满足规范要求。

主梁挠度:活载+17 mm、−152 mm,正负合计169 mm,小于限值200 000/400=500 mm。

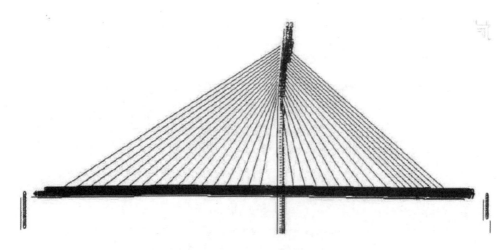

图6.26　成桥主塔顺桥向变形

2)主塔内力

主塔内力如图6.27所示。

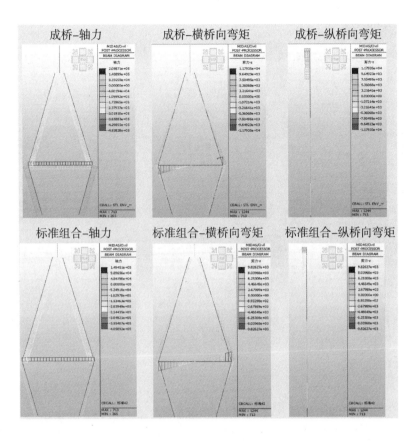

图 6.27　主塔内力

3）桥面板内力

桥面板内力如图 6.28 所示。

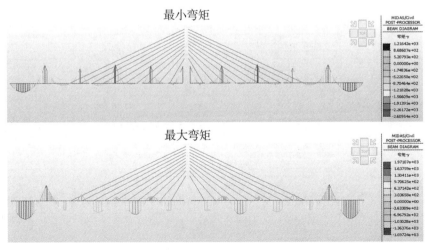

图 6.28　桥面板内力

4）钢箱梁内力

钢箱梁内力如图6.29所示。

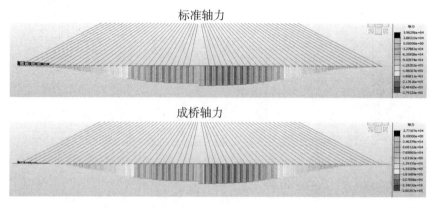

图6.29　钢箱梁内力

5）索力

主桥索力如图6.30～6.31所示。

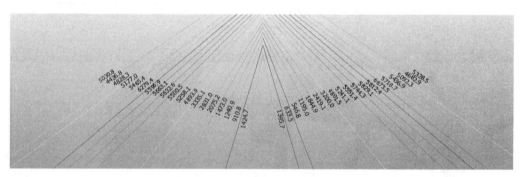

图6.30　成桥索力（KN）

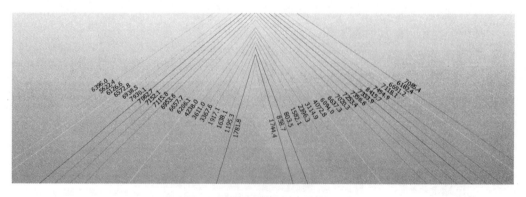

图6.31　标准组合最大索力（KN）

6) 结论

经计算，主桥的承载能力、强度、刚度等满足要求，各项指标符合规范规定，因此该方案完全具备技术上的可行性。

三、规划一路桥梁（新建）结构设计

1. 总体布置

规划一路桥主桥采用对称三跨连续系杆拱桥，拱肋高度 56 m，桥梁长度 400 m，跨径布置为 100 m+200 m+100 m，梁上吊杆间距为 8 m。桥下净空满足皮划艇训练和比赛的需求。

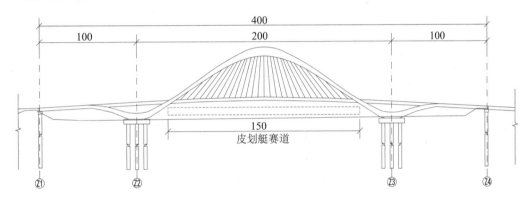

图 6.32　总体立面布置图（单位：m）

桥面宽度组成为：2.5 m（人行道）+1.5 m（拉索区）+2.5 m（非机动车道）+0.5 m（防撞栏杆）+［3.5 m+3.5 m+3.75 m］（机动车道）+0.5 m（中央分隔带）+［3.5 m+3.5 m+3.75 m］（机动车道）+0.5 m（防撞栏杆）+2.5 m（非机动车道）+1.5 m（拉索区）+2.5 m（人行道）=36.0 m。

2. 主梁

主梁采用箱型结构断面钢—混凝土叠合梁，全桥等高布置，梁高 3.0 m。钢结构部分采用分离式两箱，其上浇筑混凝土桥面板，两者之间采用剪力钉可靠连接。桥面板标准厚度为 25 cm，与钢梁结合处加厚至 40 cm，根据总体与局部受力情况施加预应力。

主梁底板在两侧倾斜，总体形成扁平箱形断面，在取得较好景观效果的同时，可以获得良好的抗风稳定性。箱形钢梁内侧腹板为竖直，外侧腹板向外倾斜，便于吊杆梁上锚箱的布置。两侧箱型主梁之间采用工字形断面横梁连接，横梁间距布置与梁上索距统一考虑。

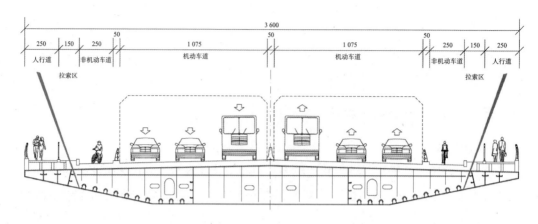

图6.33　主梁标准断面布置图（单位：cm）

3. 主拱

主拱高度56 m，其中桥面以上高度47 m，采用钢结构封闭断面，在减轻自身重量、提高抗震性能的同时，还能获得更为优越的全寿命周期层面的经济性。

4. 吊杆及锚固系统

吊杆拟采用平行钢丝产品，锚固构造采用锚箱形式，具有较高的承载能力、可靠性和耐久性。

第七章

≪≪≪ 桥梁方案设计四

景观设计应具备以下三个原则：一是符合桥梁造型美的法则，二是遵循桥梁与环境协调的规律；三是体现自然景观、人文景观、历史文化景观。

第一节 桥梁景观与造型设计

一、规划一路跨某河桥

该桥位于赛艇区起点约 100 m 位置，是赛艇起航后最先经过的桥梁，毫无疑问，桥梁今后将与赛艇发令起航的画面一同映入眼帘。

为了与赛艇运动文化取得相得益彰的造型效果，桥梁方案拟从总体设计中选定的赛艇元素入手，抽取合适的形态用于桥梁设计。众所周知，比赛时以选手挥动船桨、推动赛艇飞速前进的镜头最具力度和感染力。因此，该方案从选手划桨的手臂与船桨形态中，抽取出具有力度感的三角折线形元素，来传递桥梁的力度感与感染力。该方案设计的逻辑构思参见图7.1。

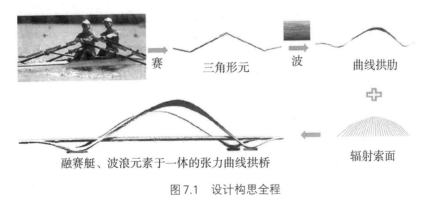

图7.1 设计构思全程

同时，折线形元素中又融入了代表奔放与活力的曲线元素，形成了与赛艇、海浪协调呼应的拱桥立面造型，增加了桥梁的现代感。为了进一步提升结构的艺术气息以及造型的空间雕塑感，拱顶融入船桨造型元素，最终，形成了源于赛艇、呼应海洋、充满活力的张力曲线形态拱桥。

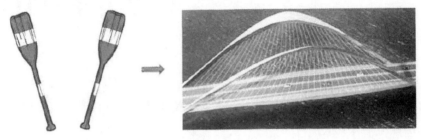

图 7.2　拱顶造型与船桨元素

为了使观众能够更好地观看赛艇的起航与划行，在跨中桥面人行道外侧加入弧形观景平台，在方便观赛的同时，也提升了桥面线条美感。

图 7.3　拱顶造型与船桨元素

二、规划二路跨某河桥

凤凰，传说中的百鸟之王，是吉祥和谐的象征，也是中国文化的重要代表元素。因此，该方案从总体设计中遴选的凤凰元素出发，采用独柱式斜塔斜拉桥来生动呈现凤凰腾飞的美丽与动感。塔柱采用三柱式曲线桥塔，造型构思来源于凤凰飘逸的翎羽，虚实交错的桥塔曲线也与活力区的标志同根同源。考虑到该桥位于区域的中心位置，因此在高耸的桥塔上设计了塔顶明灯，呼应海洋灯塔，同时华美的光晕也使大桥成为夜景中的靓丽标志。为了进一步提升桥梁的活力与动感，该方案采用反拉式索面，形若美丽的凤尾，飘逸潇洒。该方案设计的逻辑构思如图7.4所示。

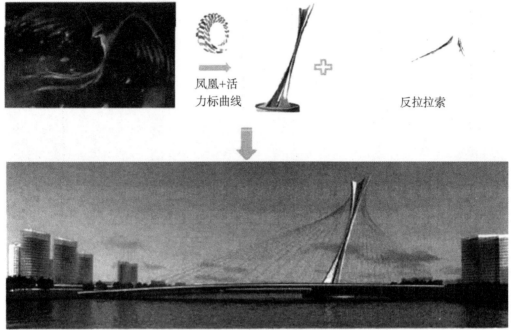

融凤凰、活力曲线元素于一体的斜拉桥

图7.4　设计逻辑构思

为了方便观众进一步贴近观赛，将边跨位置主梁中间区域开辟成人行通道，行人可从亲水平台通过地面悬出的梯道上桥，并在塔区下桥，进入承台周边专设的亲水观赛平台区域，以观赛助威。

图7.5　主梁中央观赛专用人行道

图7.6　桥塔承台区域观赛专用平台

大桥的建成，不仅寓意着活力区的腾飞，更寓意着中国海上体育运动的腾飞。

三、滨海大道跨某河桥

　　该桥位于城区干道—滨海大道上，车辆过往频繁，行车速度快，在活力区完成建设后，现有的人行道将较难满足日益增长的行人通行与驻足观光需求。因此，本次景观提升方案的一个主要目的是拓宽人行通道，开辟观光区域。考虑到该桥处在某河出海口，同时也位于赛道的终点附近，故选用总体设计中遴选的波浪元素，以分层、分功能的形式拓宽人行道。在大桥两侧各设内外三层通道，外层区域供行人驻足观光，中层区域设置长椅供游人休闲慢行，内层区域供行人快速通行。该方案设计的逻辑构思如图7.7所示。

观光+通行

侧分层、分功能设计的人行道

功能区分清晰，艺术效果明显的景观提升方案

图7.7 设计逻辑构思

曲线层叠的人行通道，形成了极佳的韵律与飘逸效果，并与另外两座桥梁的造型一脉相承。三座桥梁共同形成景观有机体，体现了活力区赛艇、凤凰以及海浪等代表性元素以及海城共融的区域主题。

图7.8 滨海大道跨某河桥效果图

第二节 桥梁结构设计

一、设计原则

青岛海洋活力区景观桥设计遵照安全、适用、经济、美观、耐久和环保的原则，既能体现青岛海洋活力区的地方特点，又具有现代城市桥梁风格，并力求形成较好的城市景观，成为青岛海洋活力区的亮丽名片。另外，由于青岛海洋活力区周围地势较为平坦，故桥梁造型设计得更加柔美，更有利于与周围环境相协调，使得视觉上不至于太过突兀。规划二路跨某河桥桥型选择中央塔双索面异形斜拉桥，规划一路跨某河桥桥型选择双肋中承式拱桥。

（1）必须符合安全、适用、经济、美观以及可持续性的基本原则，并应严格执行国家及地方相关标准及强制性规定。

（2）满足线路总体布置和城市规划要求。

（3）满足规划道路的限界要求；满足平交路口的渠化要求；满足既有河流、规划河道防洪排涝的要求。

（4）桥梁线型设置合理，应满足车辆快速通过的通行要求以及行车舒适性要求；桥梁高度要充分考虑桥下城市道路的通行要求。桥梁横断面应根据交通量的大小合理设置。

（5）桥梁结构体系应安全合理。合理进行桥跨布置和桥式选择，桥梁结构力求简洁、大方、美观。

（6）桥梁上部结构形式的选择应考虑尽量减少今后的维护工作和维护成本。

（7）桥面防撞护栏应合理选用，保证桥上行车安全、减少二次伤害的发生；同时，应尽量采用优美的外形轮廓，并且在景观效果上应从属于桥梁结构。

（8）桥梁应选择合理的轮廓，尽可能具有优美的外形，上下部结构形式应和谐统一，并与周围的环境相协调，同时要注意环保问题。

（9）桥梁整体造型宜简不宜繁、轻巧简洁、个性突出、比例协调、风格一致，具有良好序列的美学准则，使桥梁功能、结构与周边环境融合。

（10）桥梁应具有时代性和可持续性，满足城市景观要求，尽量使新建桥梁与周边环境和谐统一；桥梁选型应体现地方特色，具有现代城市桥梁风格，力求成为城市一道亮丽的风景线。

（11）积极采用新结构、新设备、新材料、新工艺，认真学习国外的先进技术，充分利用国际最新科学技术成就。

在综合考虑海洋活力区交通空间等情况之后，该项目在滨海大道某河桥旁设置人行桥。一方面，人行桥可提供观景平台，供行人参观风景；另一方面，横向布置的弧形桥面与梁桥的平面相结合，能够提升现状桥梁的整体观感。人行桥设计为单联、长为185 m的弧形连续梁桥，总体效果图如图7.9所示。

图 7.9 总体效果图

二、规划二路跨某河桥

该方案为中央双索面独柱塔斜拉桥，跨径布置为35 m+180 m+100 m，主塔顶标高 110.00 m，主塔倾角约 80°，桥面全宽 43.5 m，纵坡≤2%，车行桥总体布置如图 7.10 所示。

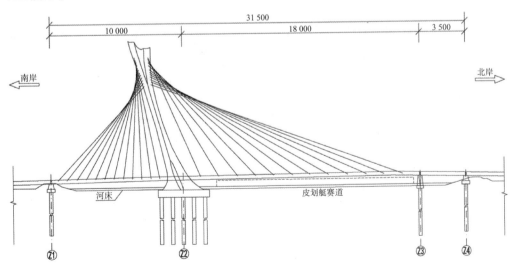

图 7.10 凤凰路跨某河桥总体布置图（单位：cm）

主梁为等截面钢箱梁，梁高3 m。按分体双幅设计，单幅标准横断面宽17.75 m。主塔采用三根渐变钢柱拼接主塔，在塔高中间处三根钢柱接合在一起，在塔底与塔顶分开。

1. 主梁

主梁全长为315 m，均采用等截面钢箱梁，为全焊结构，钢材采用焊接性能和抗冲击性能好的Q345qD钢材。主梁为分体钢箱梁设计，单幅桥面宽为：1.0 m（风嘴）+2.5 m（人行道）+2.5 m（非机动车道）+11.75 m（行车道含防撞护栏）=17.75 m。

主梁梁高3 m，双幅主梁之间的间距固定为8 m，每隔一定间距设置连接钢横梁，增加分体双箱梁的横向联系，边跨部分设置压重。主梁标准横断面图如图7.11所示。

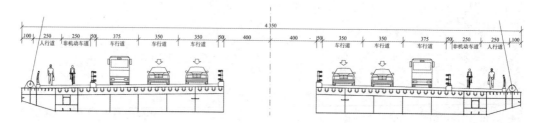

图7.11　主梁标准断面（单位：cm）

2. 塔

规划二路跨某河桥创造性地采用"三塔结合"的造型。三根渐变钢柱拼接成为主塔，在塔高中间处三根钢柱接合在一起，在塔底与塔顶分开，塔身整体倾斜80°，斜拉索由下至上锚固，整体造型简明亮丽，呈现一种变化的美感。

其主塔截面采用变截面钢箱塔，截面尺寸从塔底到塔顶呈缓和曲线变化。截面高度从塔底位置约30 m渐变到塔顶约16 m，宽度从塔底约17.6 m变化至塔顶约9 m塔底截面，塔中截面高度约7 m，宽度约4 m。主拱拱脚、拱顶标准横断面图如图7.12～图7.14所示。

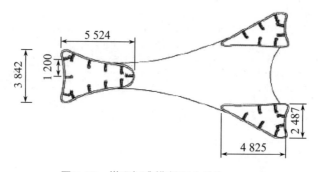

图7.12　塔顶标准横断面（单位：mm）

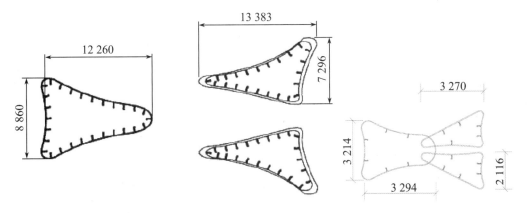

图 7.13 塔底标准横断面（单位：mm） 图 7.14 塔中标准横断面（单位：mm）

3. 承台、桩基础

主墩承台为矩形承台，顺桥向 39 m，横桥向 19 m，承台厚 5 m。基础采用 15 根 φ 2.8 m 的钻孔灌注桩，桩长为 35 m。

辅助墩及过渡墩为圆形承台，半径为 2.5 m，承台厚 3 m。每个墩采用 1 根 φ 2.8 m 的钻孔灌注桩，桩长为 35 m。

三、规划一路跨某河桥

规划一路跨某河桥设计为双肋中承式拱桥，设置主拱圈和次拱圈，主拱圈向外侧倾斜一定角度，从上往下看形状类似蝴蝶张开双翼在飞翔，其跨径布置为 38+38.5+200+38.5 m，主拱拱高 57.78 m，拱顶横向间距为 58.18 m，拱顶横向宽度为 10 m，规划一路跨某河桥总体布置图如图 7.15 所示。

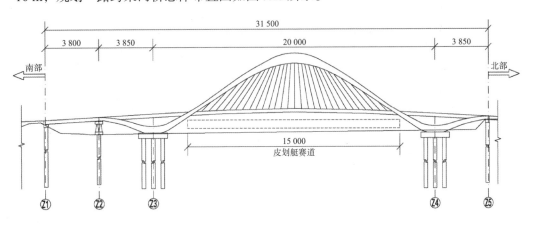

图 7.15 规划一路跨某河桥总体布置图（单位：cm）

（一）主梁

规划一路跨某河桥主梁采用钢箱梁桥，截面形式为扁平形状，为全焊结构，钢材采用焊接性能和抗冲击性能好的Q345qD高强钢材。设非机动车道和单向人行道，截面梁高3 m，标准横断面图如图7.16所示。

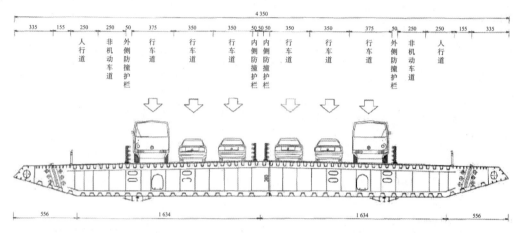

图7.16　规划一路跨某河桥标准横断面（单位：cm）

（二）拱肋

拱肋分为主拱肋及次拱肋，主拱截面由拱底至拱顶渐变，拱底3 m，高4.676 m，厚度40 mm；截面呈钻石形状，内部布置加劲肋，加劲肋为396 mm×36 mm，间距500 mm，拱顶截面高6.863 m，宽为10 m，厚度为22 mm；拱脚截面渐变至拱顶截面，变化形式为二次抛物线变化。拱脚及拱顶截面示意图如图7.17～图7.18所示。

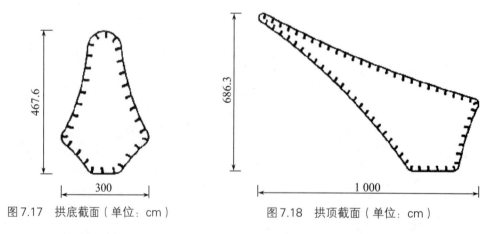

图7.17　拱底截面（单位：cm）　　　　图7.18　拱顶截面（单位：cm）

次拱肋为梁端到拱脚这段截面，截面形式采用梅花形，截面宽3 m，高2.649 m，板厚32 mm，加劲肋264 mm×24 mm，截面较为轻便，从景观上有一个视觉引导过渡的效果。

（三）墩、承台、桩基础

主墩承台为矩形承台，顺桥向20 m，横桥向20 m，承台厚3.65 m。基础采用9根φ2.8 m的钻孔灌注桩，桩长为35 m。桥梁端部接桥台，桥台采用柱式台，设置单排桩6根φ2.0 m的钻孔灌注桩，桩长为10 m。

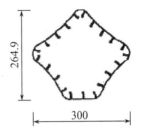

图7.19　拱顶截面（单位：cm）

第三节　滨海大道跨某河桥景观提升

滨海大道跨某河桥为某河上现有桥梁，旧设计为梁桥，为了保证活力区的景观性，对滨海大道跨某河桥进行景观提升，在现有车行桥上增加人行桥，人行桥分为左幅、右幅，以便与相邻的两座景观桥效果协调。

结构采用（20+2×30）+（3×30+15）连续钢箱梁，桥梁标准横断面如图7.20所示。

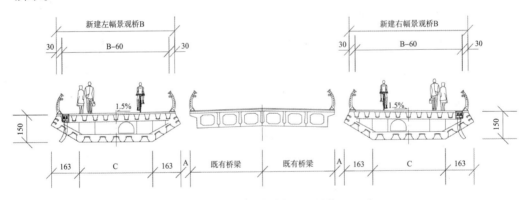

图7.20　景观提升标准横断面（单位：cm）

第八章

◀◀◀ 桥梁方案设计五

第一节　桥梁造型分析

现代的桥梁设计已不再纯粹以满足功能需要为目的，桥梁强烈的形体表现力、超凡的尺度均反映出人类对自然的驾驭，是人类自我实现的高度反映。桥梁一直是人类智慧、信念以及开拓自然的象征。

桥梁作为大型基础设施工程建设，既要重视质量又要重视景观，不但要满足交通功能的要求，而且要与周围环境和整个城市融为一体，成为一道独具特色的建筑"艺术品"。主桥是全桥的中心，是桥梁结构中重要的组成部分，也是桥梁整体景观中的主要环节。为了最终确定桥型，本次设计主要列举了以下五种桥型，对方案进行了深入、细致的研究分析，为桥梁的选择提供依据。

一、斜拉桥

斜拉桥由高大雄劲的主塔、纤细柔美的主梁、富有韵律的斜索组成，其结构力线简洁清晰、整体均衡、布局和谐，充分体现了与现代高速度、高节奏相适应的时代感，具有较强的标识性。但仅就国内范围来看，无论是就主梁材料而言的混凝土斜拉桥、钢斜拉桥、钢—混结合梁斜拉桥，就主塔布置而言的独塔斜拉桥、双塔斜拉桥，还是就斜拉索索面布置而言的单索面、双索面斜拉桥，均有多座成功先例。

图8.1　斜拉桥

二、拱桥

拱桥由于具有赏心悦目的曲线美、极易融入环境和满足大众审美习惯与需求的特点，而被广泛应用于大、中、小各种跨度的桥梁，适应能力较强。桥梁宽度较大，钢拱桥是较为适宜的桥型方案，按拱肋的材质可分为钢管混凝土拱桥、钢箱拱桥和钢桁拱桥。

1. 钢管混凝土拱桥

优点：① 可充分发挥两种材料的性能。② 用钢量少，经济性好。③ 施工方便，工期短。

缺点：① 施工成本较高。② 目前国内大量修建，缺乏新意。

2. 钢箱拱桥

优点：① 结构自重轻，强度高。② 结构新颖，有较大的创意空间。③ 外形简洁、流畅。④ 施工方法灵活多样，快捷方便。

缺点：① 吊装重量大，施工精度要求高。② 用钢量较大，经济性较差。

3. 钢桁拱桥

优点：① 结构刚度大。② 制造、运输便捷，施工成本低。③ 气势磅礴，景观优美。

缺点：① 用钢量大，造价高。② 后期维护费用高，经济性差。

图8.2 拱桥

三、悬索桥及自锚式悬索桥

悬索桥是以承受拉力的缆索或链索作为主要承重构件的桥梁，其跨越能力大，造型优美，刚柔并济。

自锚式悬索桥将主缆直接锚固在加劲梁上，舍弃了传统地锚式悬索桥强大的重力式锚碇，从而在桥梁整体布局上更为流畅，富有韵律。

图8.3 自锚式悬索桥

四、部分斜拉桥

部分斜拉桥的外形有别于传统斜拉桥和梁式桥，其受力特性更是介于两者之间。与斜拉桥相比，部分斜拉桥塔高较低，构造简单，施工便捷；结构整体刚度大，变形小，行车舒适性更佳；斜拉索应力幅小，应力高，可充分发挥材料强度，节省斜拉索用量。与梁式桥相比，在相同跨径下，部分斜拉桥支点梁高较低，混凝土用量较省，更为经济。

图8.4 部分斜拉桥

五、梁式桥

梁式桥构造简单，外形简洁流畅，经济性较好。对跨径30～100 m的桥型，梁式桥是采用频率相对较高的结构形式，它具有技术成熟、外观简洁、施工便捷、养护简易、造价节省等优点。其外观可通过适当的装饰来提升桥梁景观。

图8.5 梁式桥二

图8.6　梁式桥三

第二节　桥型方案

一、方案景观设计整体构思

现代的桥梁设计已不再纯粹以满足功能需要为目的，桥梁巨大的跨度、强烈的形体表现力、超凡的尺度均反映出人类对自然的驾驭，是人类自我实现的高度反映。桥梁一直是人类智慧、信念以及开拓自然的象征。

我们认真研究了青岛海洋活力区的宏观城市定位、发展理念、总体规划，进而微观至河道规划、道路交通规划、桥梁总体规划，结合新区的已建桥梁、桥位环境、地域特色、桥梁造型，并先后多次对桥位实地调查，在此基础上制定如下总体设计思路。

（1）突出城市特色，打造滨海靓丽景观，构建集自然、人文、生态为一体的水域靓城旅游景观，桥梁风格符合海洋活力区"开放、现代、活力、时尚"的规划理念，以"强调法"为表现手法，打造新区建筑地标。

（2）对于相邻桥位上跨同一水系，运用相互辉映的结构元素，展现桥梁建筑群的韵律美和和谐美。

（3）应充分理解地区规划性质和特色，认识海洋活力区高品质规划、高标准建设的要求，力求方案创新，力求方案景观优美、个性鲜明并蕴含富有地域特色的海洋文化。

（4）桥梁方案必须符合各桥梁对应区域城市设计要求，方案成果的设计理念、设计构思、空间组织与周边道路、景观和城市空间环境相协调。

（5）集合海洋活力区景观及桥梁周边环境条件，分析桥梁特点，按不同区域提出不同风格体系桥梁，同时保证桥梁方案景观层次分明，并具有一定整体性和连续性。

（6）各桥梁应结合道路级别及断面情况，保证桥梁与道路顺畅连接，并注意在平面和竖向方向与河道两侧道路及用地的衔接。

根据上述总体设计思路，以凝聚活力为核心主线，以海洋文化为创意元素，打造蔚蓝之梦系列桥梁，实现我们中华民族伟大复兴的中国梦。

规划一路跨某河桥位于三河交汇处，景观独特，为市民休憩主要场所，桥梁方案采用含蓄优美的结构，闹中取静，取义筑梦。

规划二路跨某河桥地处活力区中央景观带，两侧为时尚高端的商务中心，桥梁应张力饱满、富有活力，取义逐梦。

滨海大道毗邻灵山湾，是活力区的门户景观，桥梁宜美轮美奂，与碧海蓝天呼应，取义圆梦。

二、规划一路跨某河桥推荐方案

规划一路跨某河桥位于三河交汇处，景观独特，为市民休憩主要场所，桥梁方案采用含蓄优美的结构，闹中取静，取义筑梦。

桥梁线位采用规划线位，根据规划标高，桥梁两侧与河堤路平交，且桥南侧与现状河道桥梁冲突，需拆除重建景观小桥一座。

规划一路某河桥位于规划一路与某河相交处，桥位处河道宽约为320 m，桥梁与河道正交，桥下无通航要求，仅通行摩托赛艇。"海上生明月，天涯共此时。"该桥梁造型取自明月。两片拱肋在横向上微微张开，酷似扇贝。拱肋采用镂空处理，现代时尚。人行道在桥梁外侧高低起伏，错落有致，形成立体观景平台，上覆绿化植被，观景视野极佳。

夜色中，LED灯点亮的吊杆流光溢彩，远看宛如扇贝上放射状的纹路，每一条都延伸到天际。拱脚处内嵌海洋活力区logo，夜晚熠熠生辉，削弱了拱脚的厚重感。

主桥桥型方案采用系杆拱桥，跨径布置为160 m，整幅布置。引桥采用预应力混凝土大箱梁，梁高2 m。该桥梁总长为312.5 m。

图8.7　规划一路跨某河桥推荐方案

三、规划一路跨某河桥比较方案

比较方案桥梁将人行系统分离出来，置于桁架上层，形成了空中花园的生态景观。该桥位于皮划艇赛区的起点，空中花园恰好为行人提供了观赛平台。

主桥桥型方案采用变高度桁架桥，跨径布置为155 m。整幅布置。引桥采用预应力混凝土大箱梁，梁高2 m，桥梁全长为315 m。

图8.8　规划一路跨某河桥比较方案

四、规划二路跨某河桥推荐方案

规划二路跨某河桥桥位北部片区为公园活力区，以公共绿地位置；南北片区为产业活力区，以商业用地为主。因此，规划二路跨某河桥地处活力区中央景观带，连接北岸休闲与南岸时尚高端的商务中心，桥梁应张力饱满、富有活力，取义逐梦。

规划二路跨某河桥桥梁线位采用规划线位，根据规划标高，桥梁两侧与河堤路平交，保障堤顶路畅通。

桥位处现状河道宽度约312 m（两岸堤坝间距），桥梁斜交角度为2.806°。桥下无通航要求，仅通行摩托赛艇。

青岛为帆船之都，桥梁造型由帆船抽象而来。桥塔顺桥向外侧采用直线轮廓，展现力度；内侧轮廓根据浪花的形态勾勒出曲线；结合横桥向延展线条，桥塔的立体艺术造型极具活力与动感；塔身为混凝土结构，造价经济，配合竖琴型拉索，宛如横琴卧波，美轮美奂。

主桥桥型为无背索斜拉桥，跨径布置为175 m +2 m × 40 m=255 m，两侧引桥为钢筋混凝土连续梁，桥梁全长为315 m。

图8.9 规划二路跨某河桥推荐方案

五、规划二路跨某河桥比较方案

比较方案主桥采用V型双子门架高低错落、微倾相对，勾勒出友好奋进的活力之门，桁架杆件采用抽象的骨骼设计，简洁有力，极富视觉冲击力。该方案外形艺术动感，寓意某河两岸的经济腾飞。

桥比选方案桥型采用变高度钢桁架桥，主桥跨径为$L=160$ m，引桥为预应力砼箱梁，桥梁全长310 m。

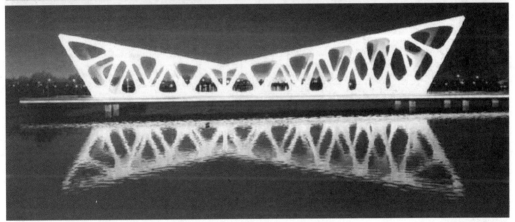

图8.10　规划二路跨某河桥比较方案

六、滨海大道跨某河桥景观提升推荐方案

滨海大道跨某河桥梁，结构形式为空心板桥梁，长度约400 m，宽度约50 m。目前，需对现状滨海大道跨某河桥进行景观改造提升，经景观提升后的滨海大道跨某河桥应与规划一路跨某河桥及规划二路跨某河桥相互协调，使之成为海洋活力区的门户景观。

其桥上增设高低起伏的拱架，中间以细钢管相连，勾勒出海之掠影。桥梁外侧设置喷泉，拱形的水柱与桥上拱架相互映衬，形成三道翻滚的波浪，相映生辉。桥梁扶手上设感应灯带，带来对行人的亲切问候与美好祝福。桥梁外侧以铝塑板包裹，并安装太阳能板，提供桥梁的景观用电，节能环保。

图8.11　滨海大道跨某河桥景观提升推荐方案

七、滨海大道跨某河桥景观提升比较方案

相对于推荐方案立意于起伏的浪潮，比较方案立意于翻滚的浪花。桥梁人行道装饰有空间网架，部分采用透空处理，富有变化，韵律感强。廊架顶部悬挂高高低低的

金色铝管，海风吹过彼此碰撞，发出清脆乐声。人行道上增设圆形花盆，富有生机。桥面布设多点散状的LED灯具，步入桥上，给人一种漫步星河的梦幻效果。

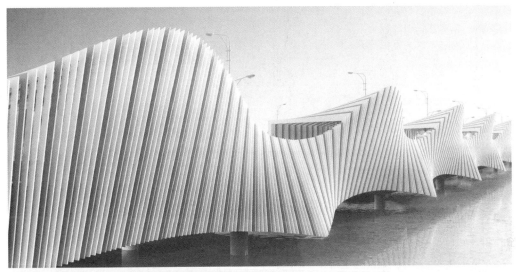

图 8.12　滨海大道跨某河桥景观提升比较方案

第九章

<<< **桥梁方案设计六**

第一节 规划一路跨某河桥推荐方案

一、总体布置

规划一路某河桥位于规划一路与某河相交处，桥位处河道宽约320 m，桥梁与河道正交，桥下无通航要求，仅通行摩托赛艇。主桥桥型方案采用系杆拱桥，跨径布置为160 m，整幅布置。引桥采用预应力混凝土大箱梁，梁高2 m。

跨中横断面布置为：8 m（人非车道）+1 m（锚索区）+11 m（机动车道）+16 m（中央分隔带）+11 m（机动车道）+1 m（锚索区）+8 m（人非车道）=56 m。

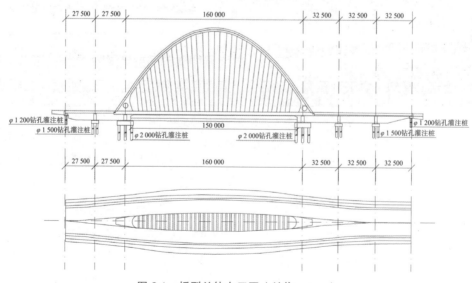

图9.1 桥型总体布置图（单位：mm）

二、结构方案

该桥采用系杆拱桥，系梁梁高为 3.0 m，主拱高 72.4 m，跨径 160 m，矢跨比为 1：2.2。主梁设置双向 2% 横坡。

系梁采用钢结构，全桥设置 2 道，系梁断面尺寸为 2.0 m×3.0 m。系梁之间通过横梁进行连接，全桥共设置 35 道横梁。

主拱采用钢结构，全桥设置两道拱肋，拱肋在跨中处分开，在拱脚处合并成一体。单个拱肋由两个箱室组成，单个箱室断面尺寸为 2.0 m×3.0 m。箱室之间通过横梁进行连接。

全桥共设置 4 索面，单个索面由 35 根吊杆组成，吊杆在一端锚固在钢拱上，一端锚固在横梁上。

主桥桥墩采用双柱墩，单个立柱尺寸 2.5 m×2.5 m，单个立柱下设置 3.5 m 厚承台。基础采用群桩基础，单个立柱下设置 6 根直径 2.0 m 的钻孔灌注桩。

引桥上部结构采用预应力混凝土大箱梁，梁高 2 m，下部结构采用双柱墩，单个立柱尺寸 2.0 m×2.0 m，单个立柱下设置 2.5 m 厚承台。基础采用群桩基础，单个立柱下设置 4 根直径 1.5 m 的钻孔灌注桩。

三、施工方案

主桥施工方案主要采用钢结构工厂预制、现场拼装的施工方法。施工要点有如下几个方面。

（1）施工桥墩、桥台桩基础、承台、桥墩及桥台，同时在工厂预制主拱节段。

（2）现场吊装主拱节段，进行拼装，同时在工厂预制主梁节段。

（3）安装吊杆。

（4）现场吊装主梁节段，进行拼装。

（5）第一次张拉吊杆。

（6）施工桥面系附属工程。

（7）第二次张拉吊杆，成桥。

第二节 规划一路跨某河桥比较方案

一、总体布置

规划一路某河桥位于规划一路与某河相交处，桥位处河道宽约320 m，桥梁与河道正交，桥下无通航要求，仅通行摩托赛艇。主桥桥型方案采用变高度桁架桥，跨径布置为155 m，整幅布置。引桥采用预应力混凝土大箱梁，梁高2 m。

横断面布置为：1.75 m（桁架主桁）+2.5 m（非机动车道）+11 m（机动车道）+1.5 m（中央分隔带）+11 m（机动车道）+2.5 m（非机动车道）+1.75 m（桁架主桁）=32 m。

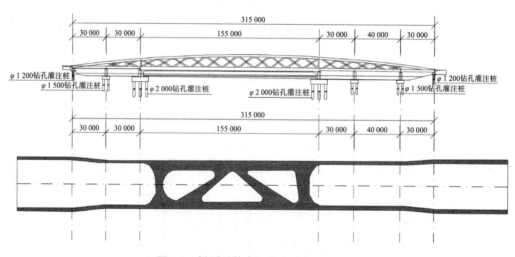

图9.2 桥型总体布置图（单位：mm）

二、结构方案

该桥采用变高度桁架桥，北侧支点处桁架高度为6.8 m，南侧支点处桁架高度为9.264 m，最高点桁架高度为10.498 m。桥面设置双向2%横坡。

桁架上弦杆高1.5 m，宽1 m。下弦杆高3 m，宽1 m。上横梁高1.5 m，下横梁跨中高1.8 m，支点处加高至3 m。桁架采用X型斜撑，斜撑高0.8 m。

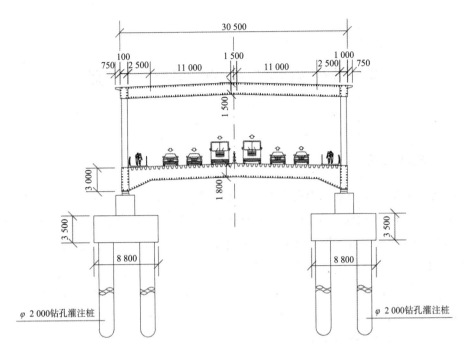

图 9.3　横断面布置图（单位：mm）

主桥桥墩采用双柱墩，单个立柱尺寸为 2.5 m × 2.5 m，单个立柱下设置 3.5 m 厚承台。基础采用群桩基础，单个立柱下设置 6 根直径 2.0 m 的钻孔灌注桩。

引桥上部结构采用预应力混凝土大箱梁，梁高 2 m，下部结构采用双柱墩，单个立柱尺寸为 2.0 m × 2.0 m，单个立柱下设置 2.5 m 厚承台。基础采用群桩基础，单个立柱下设置 4 根直径 1.5 m 的钻孔灌注桩。

三、施工方案

主桥施工方案主要采用钢结构工厂预制，现场拼装的施工方法。施工要点有如下几个方面。

（1）施工桥墩、桥台桩基础、承台、桥墩及桥台，同时在工厂预制桁架节段。

（2）现场吊装桁架节段，进行拼装。

（3）施工桥面系附属工程，成桥。

第三节 规划二路跨某河桥推荐方案

一、总体布置

规划二路桥位于规划二路跨某河处，桥位处河道宽约312 m，桥下为皮筏艇赛道，要求赛道净空为150 m×3 m。主桥推荐方案桥型采用无背索独塔斜拉桥，主桥跨径为175+40+40=255 m，北侧引桥为2 m×20 m钢筋砼箱梁与滨河北路相接，南侧引桥采用一孔20 m钢筋砼箱梁与滨河南路相接，桥梁全长315 m。

主桥横断面布置为：2.5 m（人行道）+1.5（锚索区）+2.5（非机动车道）+11 m（机动车道）+0.5（防撞护栏）+11 m（机动车道）+2.5（非机动车道）+1.5（锚索区）+2.5 m（人行道）=35.5 m。

引桥横断面布置为：2.5 m（人行道）+2.5（非机动车道）+11 m（机动车道）+0.5（防撞护栏）+11 m（机动车道）+2.5（非机动车道）+2.5 m（人行道）=32.5 m。

二、结构方案

该桥主桥采用无背索独塔斜拉桥，后倾主塔设于主梁两侧。采用竖琴式双索面斜拉索，拉索倾角约为210，共15对。主塔为空间异形混凝土塔，塔高100 m，竖向变化分成两段，上段高约70 m，采用线性变化，下段高30 m，采用抛物线变化，塔顶尺寸为2.0 m×1.0 m（横桥向×顺桥向），塔底尺寸为20.0 m×35.0 m（横桥向×顺桥向），倾斜角度约为59°。主梁采用钢箱梁，梁高3 m，箱梁顶板设2.0%双向横坡，梁底不设横坡。

该桥引桥采用等高度钢筋砼箱梁，桥梁横断面为一单箱六室结构，梁高2 m。箱梁顶板宽度为32.5 m，底板宽23.38 m，悬臂4 m，箱梁顶板厚0.25 m，腹板在跨中0.45 m，中支点、边支点处直线变化至0.60 m，底板板厚0.25 m，中支点、边支点处直线变化至0.45 m。箱梁顶板设2.0%双向横坡，顶底平行。中横梁厚度为2.0 m，端横梁厚度为1.2 m，横梁采用预应力。引桥箱梁悬臂4 m，桥面板设横向预应力体系。

主桥基础为承台桩基础，主塔下承台采用矩形承台，承台下设28根φ1.8 m的钻孔灌注桩。

引桥桥墩为柱式墩，立柱尺寸为2.5 m×2.0 m（横桥向×顺桥向），立柱间距

16 m，每立柱下设独立承台桩基础。承台采用矩形承台，承台下设 6 根 φ 1.5 m 的钻孔灌注桩。桥台采用埋置式桥台，桥台承台厚度为 2.0 m，整幅桥台下设 11 根 φ 1.5 m 的钻孔灌注桩。

三、施工方案

该桥施工方案主要采用支架施工方法。施工要点有如下几个方面。

（1）桩基础、承台、桥墩、桥塔基础施工，工厂制作拉索、桥塔节段、主梁钢箱节段，架设支架施工桥塔。

（2）架设主梁梁体支架，并对支架进行预压，预压重量不小于 1.2 倍的箱梁自重，安放桥墩顶支座。

（3）拼装主梁节段。

（4）安装拉索，并第一次张拉。

（5）按先中跨后边跨的顺序拆除主梁支架、桥面系桥面附属设施施工。

（6）第二次张拉拉索，调整拉索张拉力至设计值。

（7）成桥试验及竣工验收。

第四节　规划二路跨某河桥比较方案

一、总体布置

规划二路桥位于规划二路跨某河处，桥位处河道宽约 312 m，桥下为皮筏艇赛道，赛道净空为 150 m×3 m。主桥比选方案桥型采用变高度钢桁架桥，主桥跨径为 L=160 m，北侧引桥为 L=37.5 m，预应力砼箱梁与滨河北路相接，南侧引桥采用 3 m×37.5 m 预应力砼箱梁与滨河南路相接，桥梁全长 310 m。

主桥横断面布置为：2.5 m（人行道）+2.5（非机动车道）+2.0（结构区）+10.75 m（机动车道）+0.5（防撞护栏）+10.75 m（机动车道）+2.0（结构区）+2.5（非机动车道）+2.5 m（人行道）=36.0 m。

引桥横断面布置为：2.5 m（人行道）+2.5（非机动车道）+12.75 m（机动车道）+0.5（防撞护栏）+12.75 m（机动车道）+2.5（非机动车道）+2.5 m（人行道）=36.0 m。

二、结构方案

该桥主桥采用变高度钢桁架桥，桥高16.6～42.0 m，高跨比为1：9.64～1：3.81，两片主桥中心距24.0 m，宽跨比为1：6.67，顺桥向标准节间距20.0 m。主桁弦杆采用箱形截面，为景观需要，上、下弦杆外轮廓尺寸高度为变高度，宽度全桥采用1.0 m。主桥通过倒T横梁与左右下弦杆相连，上覆桥面板形成整体式桥面系，桥面顶板设2.0%双向横坡，底不设横坡，道路中心线处高3.0 m。

该桥引桥采用等高度预应力砼箱梁，分左右两幅设置，单幅桥梁横断面为单箱三室结构，梁高2.5 m。箱梁顶板宽度为17.99 m，底板宽10.47 m，悬臂3.0 m，箱梁顶板厚0.25 m，腹板在跨中0.45 m，中支点、边支点处直线变化至0.60 m，底板板厚0.25 m，中支点、边支点处直线变化至0.45 m。箱梁顶板设2.0%单向横坡，顶底平行。中横梁厚度为2.5 m，端横梁厚度为1.8 m。引桥箱梁采用纵向+横向预应力体系。

主桥基础为变截面柱式墩+承台桩基础，墩下承台采用矩形承台，每承台下设12根φ1.8 m的钻孔灌注桩。

单幅引桥桥墩为双立柱式墩，单立柱尺寸为2.0 m×2.0 m（横桥向×顺桥向），立柱间距4.1 m，双幅间距18 m，单幅立柱下设独立承台桩基础。承台采用矩形承台，承台下设6根φ1.5 m的钻孔灌注桩。桥台采用埋置式桥台，桥台承台厚度为2.0 m，整幅桥台下设11根φ1.5 m的钻孔灌注桩。

三、施工方案

该桥主桥施工方案主要采用支架施工方法。施工要点有如下几个方面。

（1）桩基础、承台、桥墩基础施工，工厂制作钢桁架杆件。

（2）架设主桁支架，并对支架进行预压，预压重量不小于1.2倍的梁体自重，安放桥墩顶支座。

（3）拼装钢桁架节段，可纵向分节段，也可横向分节段。

（4）桥面铺装、栏杆等桥面施工，桥梁装饰施工。

（5）成桥试验及竣工验收。

该桥引桥施工方案采用支架施工方法，施工要点有如下几个方面。

（1）施工桥墩、桥台桩基础、承台、桥墩及桥台。

（2）搭设满堂支架，并做好支架预压。

（3）架立模板，调整模板的尺寸及高程。

（4）绑扎钢筋，布置预应力管道，同时准备预应力钢束。

（5）浇筑梁体混凝土，并对混凝土进行养生。

（6）待混凝土达到设计强度和龄期后，张拉预应力钢束，张拉完毕后压浆。

（7）拆除支架，梁体落架。

（8）桥面铺装、栏杆等桥面施工，桥梁装饰施工。

（9）成桥试验及竣工验收。

第十章

《《 桥面排水

第一节　桥面排水要素分析

一、桥面排水设施

桥面排水的目的就是将降落在桥面上的雨水收集并迅速排出桥梁以外，以免造成积水影响行车安全。

（一）桥面横坡

桥面横坡是重要的桥面排水设施之一。桥面表面水首先靠桥面横坡和纵坡组成的合成坡排向行车道两侧，然后汇集于由缘石或护栏和桥面组成的过水断面内。桥面的横坡越大，行车道上水流速度越大，雨水排出的就越快，对桥面损毁和行车安全的影响就越小。但当横坡增大到一定程度，由于侧向倾斜会影响乘客乘车的舒适程度，甚至会引起车辆滑移与侧翻。因此，桥面的横坡一般要经过多方面的考虑，不能单纯地只考虑排水。

对于未设超高的桥面，桥面路拱设置方式为沿着桥面行车道中心向两侧设置双向横坡，有超高的桥面横坡为单向横坡。桥面横坡坡度应与同等级道路横坡度相同。

有研究表明，桥面坡度为2%～2.5%时，车辆在桥面的行车稳定程度以及乘客的乘车舒适程度没有太大的变化；对于年降雨量较大或者短时间降雨强度很大的地区，可以采用大于2%的桥面横坡。当行车道大于两条时，可以适当增大右侧车道横坡坡度，以减小过水断面宽度，有利于雨水快速地排出桥面，提高行车安全性，但最大横坡不宜大于4%。对于竖曲线内的桥面，由于凹形竖曲线底部以及凸形顶部的纵坡很小，甚至出现低于0.3%的平坡桥面，此时，可以适当增大桥面行车道的横坡坡度，以利于桥面水及时排出。

（二）泄水口

桥面泄水口的作用是收集行车道流下的水并将其直接排出桥外或者流注到排水管等其他排水系统再将其排出桥外。泄水口一般设置在桥面行车道的外边缘处，对于设置有人行道的桥面，泄水口应设置在人行道内侧。一般用水力计算的方法布置桥面泄水口，其间距不得超过20 m。

在桥面表面排水设计中常用的是圆形泄水口和矩形泄水口，其中圆形泄水口一般直径为15～20 cm，矩形泄水口的长度一般为30～40 cm。泄水口的顶部一般采用格栅盖板，其顶面一般比周围桥面铺装低5～10 mm。公路桥梁常常采用圆形泄水口，垂直将水排出桥面。泄水口的排水能力取决于其截留率及曲线底部排水量，截留率及排水量的大小与泄水口自身的形状及水流的状态有关系。

泄水口的排水能力控制着排水管乃至整个排水系统的转移水量，如果选择的泄水口截留率不足或者其位置设置不合理，都有可能导致桥面水流不能及时排出，形成桥面积水，影响行车安全甚至引发严重的交通事故。

（三）排水管

对于不能用泄水口直接将桥面积水排出桥外的桥梁，需要设置排水管或者泄水槽，其作用是将泄水口截留的桥面径流水，引导其他排水系统中。排水管和排水槽一般设置在悬臂板的外侧或护栏内，排水管通常采用铸铁管、塑料管或钢管，其内径大于或等于泄水管的内径。排水槽常采用铝质或钢质材料，有时还用水泥混凝土预制件，其横截面为矩形或U形，宽度和深度均为20 cm左右。为了迅速排除桥面积水，防止雨水积滞于表面并渗入梁体而影响桥梁的耐久性，在桥梁设计时除了通过纵横坡排水外，还要有一个完整的排水系统。

排水系统由多个泄水管组成。泄水管的布置与桥面纵坡和桥梁长度有关。泄水管的内径一般为100～150 mm。高速公路和一级公路，一般采用直径为150 mm的泄水管，间距在4～5 m之间。泄水管可沿行车道两侧对称排列，也可交错排列。泄水管也可布置在人行道下面。

二、设计参数

在进行桥面表面排水设计时，需要对某些参数进行综合考虑后再选择，其中包括过水断面宽度、降雨强度、设计重现期或设计频率、径流系数、降雨历时、汇流时间等内容。

（一）过水断面宽度

水在桥面流动时，拦水带内会形成一定宽度的过水断面，这些宽度包括行车道边缘到桥面缘石的距离以及允许漫过的车道宽度，漫过车道的宽度取决于桥梁所处道路的等级。对桥面表面进行排水设计时，过水断面宽度是一个很重要的指标，但现行规范中未对桥面过水断面的水面宽度单独做出规定，一般可参考同等级路面、路表排水设计的标准。

（二）雨水流量

雨水流量的大小跟一个地方的气候及天气状况有关。在桥面排水设计中，要求桥面拦水带的排水能力不小于当地的雨水流量，因此，可以根据这一要求建立公式计算拦水带或者沟渠的横断面尺寸。

雨水流量计算公式是一个推理公式，是在降雨轻度稳定、桥面状况不变等一系列假设后，桥面段内的最大降雨水流量。

（三）径流系数

雨水降落在桥面上，沿着桥面的合成坡度向下流动，形成一定长度的水流路径，在流动过程中由于桥面下渗等原因，并不是所有的雨水都流入泄水口排出桥外，流入桥面泄水口的那部分雨水流量，我们称之为径流量。径流量同全部降雨的比值就是径流系数。径流系数与降雨强度、降雨历时、桥面坡度、桥面结构、材料与桥面湿度等有关。在桥面排水设计时，其径流系数的选择应根据桥面铺装的状况，按《公路排水设计规范》中推荐的径流系数参考值进行选取。当桥面铺装涉及多种结构材料时，应分别选取径流系数，然后按其铺筑面积占桥面面积的大小情况取加权平均值。

（四）降雨强度

在桥面排水设计中，降雨强度是重要的设计参数，降雨强度的大小会影响桥面径流系数，影响雨水流量，从而影响到边沟尺寸以及泄水口形式的选择和间距的布设。选择降雨强度时，我们通常假设某段降雨过程其大小是均匀的，即降雨强度是不变的。

（五）降雨历时

桥面排水设计时，降雨历时是重要的设计参数，其值为落在桥面上的雨水从最远点沿合成坡度历经整个路径长度到达泄水口并排出桥外所需要的总的时间。它由桥面汇流时间 T1 和拦水带或拦水带以及沟管的流动时间 T2 组成。

（六）设计重现期与设计频率

在桥面表面排水设计时，其设计重现期的选择参见公路排水设计规范的规定值。设计重现期的选择是由所在公路等级决定的。设计重现期的大小，决定了设计雨水流量的大小，从而影响了桥面拦水带排水能力的选择，进而会影响桥面泄水口形式的选择及布置，甚至排水管的尺寸及设置形式。

设计频率与重现期是倒数关系，设计频率不是独立的参数，在桥面排水设计时，桥面总汇水面积不同，其设计频率也应该不同。等级较低的桥面其设计重现期一般会小于等级较高的桥面，在选择设计重现期时，应考虑水对行车安全的影响。

三、水力计算

目前，国内桥面排水系统的设计方法主要是按路面拦水带或缘石进水口间距的计算方法来考虑桥面排水系统的设计，桥面拦水带内的横坡度一般与行车道横坡度一致，即拦水带为单一横坡。

桥面排水设计首先要确定设计径流量，然后根据设计径流量来检算泄水口设置的间距是否合理，即浅三角形过水断面的计算；最后，间距满足规范要求就可以根据设计径流量来选择泄水口和泄水管。

桥面拦水带将降落在桥面上的雨水汇集在行车道右侧的缘石内侧，形成具有一定过水宽度的浅三角形的拦水带。

第二节　桥面排水改进措施

一、常规桥面排水系统

国内外关于城市高架桥桥面排水的方式有很多种，通过对不同高架桥桥面排水系统的归纳和总结，依据排水系统进水口截流方式的不同，可将高架桥桥面排水系统分为以下三类：进水口接泄水管直接下排方式、进水口接排水管和落水管沿桥墩下排方式、防撞栏杆外加排水槽的排水方式。

（1）进水口接泄水管直接下排方式。该种排水方式是较为简单的高架桥桥面排水方式，适用于桥下无车辆通行的情况。桥面雨水通过桥面横纵坡汇集到雨水口，雨水口接横向排水管道空心板时或竖向排水管道连续梁时将雨水直接冲淋到桥下。目前，在国内外的高架桥排水设计规范中没有对桥面直接泄水的垂直高度给出明确规定，桥面径流中可能会带有腐蚀性的致污物，直接冲淋到桥梁构件会使其腐蚀或形成污垢对高架桥结构造成不良影响。

（2）进水口接排水管和落水管沿桥墩下排方式。该种排水方式是在进水口接泄水管直接下排方式的基础上增加了一定的排水管和落水管，桥面雨水通过排水管道排至桥下排水沟或排水口内，适用于桥下有车辆通行的情况。一些发达国家对桥面径流的排放有明确规定，要求采用排水管道和泄水管道将桥面水流引至桥下排水口。在这种排水系统中，进水口的尺寸及间距选择会影响排水系统的泄水能力。如果进水口尺寸较小，就须减小雨水口间距。当雨水口间距较小时，跨雨水口截流的雨水需经过相当长度的纵向排水管才能到达桥墩处的落水管，在纵向排水管过长且铺设坡度较小的情况下，管内水流无法达到自净流速，水流中的杂质易在排水管道内沉淀，导致管道堵塞排水不畅。若只在桥墩处设置雨水口，桥面雨水口间距变大，纵向排水管道长度较短且铺设坡度较大，管内水流速度较大，满足水流自净的要求，不易形成管道阻塞，但进水口的尺寸也必须同时增大，宽度一般在40 cm左右。

（3）防撞栏杆外加排水槽的排水方式。对于桥下有车辆通行的情况，为保证排水系统的维护和清通工作的便利，常在高架桥防撞墙外现浇一条排水槽。桥面雨水口接横向排水管道将桥面水流排至排水槽，水流经过排水槽通过横向排水管道和落水管道，沿桥墩排至高架桥桥下排水沟或排水口。这种方法的优点在于即使发生阻塞现象，也能及时发现并维护，但防撞栏杆外加排水槽对桥梁外观有一定影响。

二、新型雨水口排水系统

基于虹吸原理，新型雨水排水系统主要包括两大系统，即集水装置系统和排水管路系统。

集水装置系统主要由雨水篦子、集水井、雨水斗和沉沙槽四个部分组成。在降雨过程中，桥面雨水首先通过桥面横纵坡进入到集水井。雨水篦子是系统拦截水流中杂质的第一道屏障，能有效地拦截水流中的粗大杂质，清理工人需定期对其周围的杂物进行清理，以保障桥面排水系统不被杂物阻塞。雨水斗是新型排水系统中防旋流和防空气的主要装置，其上部分布的十二个导流板能起到整流和导流的作用，使桥面水流平稳地进入排水管道且能减少水流中的掺气量，同时又能有效地拦截水流中的杂质，是排水系统拦截杂质的第二道屏障。在新型排水系统中，雨水斗安装在集水井内的中央位置，这样的布置方式有利于新型排水系统在强降雨条件下加大雨水斗前的淹没水深，提高排水管道的泄水能力，为管内形成虹吸作用提供有利条件。集水井的主要作用在于暂时储存桥面雨水并形成一定的斗前水深，当水深超过雨水斗的高度时，水流通过导流通道进入排水管道。集水井内的沉砂槽能使水流中的泥沙沉积，减少进入排水管道的泥沙量，在防止管道阻塞方面起到了一定的作用。

　　排水管路系统主要由连接管、悬吊管和立管组成。随着集水井内水深的变化，悬吊管内会出现不同的水流状态：当集水井内俺没水深较小时，水流以自由堰流的状态经雨水斗进入排水管道，此时悬吊管内空气贯通，水流处于重力流状态；随着集水井内淹没水深的增加，管道泄水流量逐渐增大，悬吊管内形成壅水状态的水气混合流；随着桥面汇水流量的持续增大，最终在悬吊管内形成了压力流。随着悬吊管内不同时刻的水流变化，立管内也会出现与之对应的水流状态：在降雨初期，立管内水流呈附壁流，管内压力变化不大，管内水流为非满流。随着集水井内水深的不断增大，立管内水流逐渐呈水气混合流状态，至最终达到满流状态。满流时立管上部形成负压区，下部形成正压区，产生虹吸作用，虹吸作用对水流有很大的抽吸能力，能够提高高架桥新型排水系统的泄水能力。

　　新型雨水排水系统可广泛应用于城市高架桥的桥面排水，鉴于其自身的技术特点，新型高架桥桥面排水系统在应用时需具备以下几个条件。

　　（1）新型高架桥桥面排水系统应用时要求桥面与地面有高差，高差越大，其排水效果越好。

　　（2）新型高架桥桥面排水系统适用于雨水丰沛区的高架桥桥面排水，尤其适用于暴雨频发或降雨量较大的地区。

　　（3）由于新型高架桥桥面排水系统中的水平横管及弯管的布置不会影响排水效果，因此，其特别适合用于有结构限制、需多处布置横管及弯管的城市高架桥。

　　由于新型桥面排水系统的结构特点、工作原理及使用条件具有一定的特殊性，故其使用应注意以下事项。

　　（1）由于设计沉砂槽的容积是有限的，故需对高架桥新型雨水排水系统进行定期的清通和维护工作。

　　（2）对于暴雨频率和暴雨量较小的地区，新型桥面排水系统基本处于重力流状态，无法实现系统的自洁功能，体现不出虹吸作用的优势。

三、桥面雨水储存与利用

　　近年来许多国家为应对城市中的极端降雨引起的内涝积水问题，并基于城市用地稀缺的现状和改善城市环境和生态的综合性要求，发展起来一种调节暴雨峰值流量为核心，把洪深控制与城市的景观、生态环境和城市其他一些社会功能更好地结合，高效率地利用城市宝贵土地资源的一类综合性的城市洪涝控制多功能调蓄设施。这类设施对暴雨设计标准较高，在非雨季或没有大暴雨时，设施处于无水状态。其整个调节设施可利用低洼处或开挖方式设计成公园、绿地、停车场、运动场、市民游憩场所等。当发生多年一遇的大暴雨时，利用整个设施空间来调节暴雨峰值流量和超标雨量，减少对周边或下游重要区域的灾害，暴雨过后再通过排放、下渗、蒸发等方式逐渐恢复到无水状态。目前，低影响开发技术措施较为广泛，方便应用于桥面排水的有以下几种。

1）高架立管雨水调蓄水罐

利用高架雨水的高位势能，开发高架雨水收集利用系统。采用雨水调蓄水罐进行高架雨水的收集和储存，能够减少雨水的排放量，同时也有利于雨水的资源化利用，减少灌溉、道路清洗用水的消耗。

在雨水调蓄水罐的设计中，主要的设计因素包括调蓄容积和进出水的控制。同时应注意污染物去除，通过桥面雨水口格栅去除进入水箱的漂浮物或颗粒，并设置水箱的排水系统，便于日常维护。在实际应用中，应当考虑调蓄水罐在不同季节的使用频率和应用效果。同时，雨水在调蓄水罐中的停留时间也较为关键，停留时间过长容易滋生细菌，因此应注意密封。

雨水调蓄水罐可安装于高架雨水立管上，由初雨弃流控制装置、储水罐、溢流排放控制装置、排水管道系统、灌溉管道系统、人工清扫口等组成。

该系统适用于高架雨水的收集利用，施工安装方便，便于维护，但因其储存容积较小，雨水净化能力有限。

2）下沉式绿地

下沉式绿地是一种低于周围地面高程的、雨水渗透能力良好的绿地，不但可以汇集自身面积上的降雨，还可消纳周围非渗透性铺面产生的雨水径流。应用下沉式绿地一方面可以削减洪峰流量、减轻洪涝灾害，增加地下水的入渗补给；另一方面，绿地所汇集的径流经渗透、沉淀、截留等，其中的污染物得到部分去除，可减轻城镇非渗透性铺面的面源污染，因而下沉式绿地具有滞留利用雨水与控制面源污染的双重作用，是一种具有优良净化能力的绿地生态系统。

下沉式绿地具有投资少、蓄渗效果好、可净化径流雨水、不易堵塞等优点。下沉式绿地宜设置在建筑密度低且绿地空间较大的城镇区域，譬如居住区、大型公共绿地；其局限是在地下水埋深小、土壤黏重的地区应用，容易发生积水，影响绿地的景观生态效果。在相关地区应用下沉式绿地，需考虑改良土壤、使用下排水设施。

下沉式绿地的下凹深度应根据植物耐淹性能和土壤渗透性能确定，一般为100～200 mm；下沉式绿地内一般应设置溢流口（如雨水口），保证暴雨时径流的溢流排放，溢流口顶部标高一般应高于绿地50～100 mm。对于径流污染严重、设施底部渗透面距离季节性最高地下水位或岩石层小于1 m及距离构筑物基础小于3 m（水平距离）的区域，应采取必要的措施防止次生灾害的发生。

3）雨水花园

雨水花园是一种雨水砂滤和渗透技术，整合了两种技术的功能，在城市开发区域的低洼区域设置种有灌木、花草乃至树木的滤床，利用自然系统中的生态作用对非渗透性铺面径流进行自然净化、消纳。这类设施主要通过土壤和植物的过滤作用、介质中微生物的作用净化雨水，同时通过将雨水暂时滞留而后逐渐渗入土壤以减少径流量，增加对地下水的补给与雨水资源的利用。雨水花园因其水量负荷较高、便于分散设置、维护管理简单等优点，是当前发达国家城镇雨水径流源头分散控制中最受关注的设施。在城镇绿地中设置雨水花园，不仅可以增加绿地内部雨水的滞留利用，也有可能利用绿地空间改善绿地周边非渗透性铺面的径流控制。

雨水花园一般建在汇水区域内地势较低的区域，由耐淹植物、蓄水层、树皮覆盖层、种植填料层、滤石层组成，在设计、管理恰当的情况下可望获得良好的景观效果；通过装置中天然/人工土壤、植物、微生物的渗滤、截留、吸附，净化汇水区域上游非渗透性铺面的径流雨水；通过存储、滞留作用削减洪峰水量，可以同时达到净化水质、削减径流量、涵养地下水等目的。

雨水花园主要分为以下四大类。

（1）渗透补给型雨水花园。其设施中土壤为透水性能较好的基质，利用土壤的过滤和渗透作用处理径流、补给地下水，主要用在土壤渗透性能较好且面源污染负荷较轻、地下水埋深大的区域。

（2）过滤部分补给型雨水花园。在设施底部设置了地下排水穿孔管道，加速设施表面积水的迅速排空，主要用于景观效果要求高的区域，可防止积水对景观植被的损害。

（3）渗透过滤补给型雨水花园。在设施底部设置了向上弯曲一定高度的地下排水穿孔管道，在填料内形成水饱和和非饱和区。该类设施一般用于径流中营养物负荷较高的区域。

（4）过滤型雨水花园。使用不透水材料将设施下方的介质包裹起来，通过植被拦截和填料的过滤作用净化雨水径流，利用穿孔的地下排水管将净化过的雨水输送排放或收集利用。此种类型的雨水花园主要用于面源污染较严重的地区，主要用于控制对地下水的污染。在地下水埋深很浅的我国南方地区，为避免渗滤净化层被地下水淹没，通常只能采用这类构造。